IA

Las Bases Esenciales de la Inteligencia Artificial

Jose Valladares
Arlene Cruz

Contenido

Capítulo 1:

Desmitificando la IA *1*

Capítulo 2:

Cómo funciona la IA *11*

Capítulo 3:

La IA en la vida cotidiana *19*

Capítulo 4:

Comenzando con la IA *34*

Capítulo 5:

Comunicándose con la IA: Consejos y ComandoPrácticos *52*

Capítulo 6:

Bloques de Construcción de la IA *62*

Capítulo 7:

El futuro de la IA *72*

Capítulo 8:

Ética y Sesgos en la IA: Navegando el Uso Responsable de la IA *81*

Conclusion 85

Bibliografía 87

Alcance de este libro:

Este libro ofrece una introducción completa a la Inteligencia Artificial (IA), diseñado para desmitificar conceptos complejos y mostrar aplicaciones prácticas accesibles tanto para principiantes como para aprendices intermedios. Comenzando con una visión general fundamental de la evolución de la IA, desde la ciencia ficción hasta convertirse en una tecnología moderna crucial, se adentra en el funcionamiento técnico de la IA, incluyendo el aprendizaje automático, el aprendizaje profundo y las redes neuronales. Los capítulos prácticos guían a los lectores a través de la creación de sus primeros modelos de IA y la exploración de herramientas de IA, mientras que las aplicaciones del mundo real en diversas industrias ilustran el impacto transformador de la IA. El libro también pronostica las tendencias emergentes de la IA y aborda consideraciones éticas críticas, con el objetivo de equipar a los lectores con el conocimiento para interactuar de manera crítica con la tecnología de IA y considerar sus implicaciones futuras. El objetivo general es empoderar a los lectores para explorar la IA más a fondo, ya sea para el desarrollo profesional, proyectos personales o interés general.

Sobre los Autores:

Arlene Cruz

Arlene Cruz es una persona efervescente que actualmente está en un inspirador viaje para cumplir su sueño de convertirse en maestra de escuela primaria. Su trayectoria académica está rica en una diversa gama de materias, incluyendo estadística y química, lo que demuestra su enfoque integral y su firme creencia en construir una base sólida de conocimientos para las mentes jóvenes.
Más allá de los confines de los libros de texto y las aulas, el mundo de Arlene se extiende vibrante hacia el ámbito de la naturaleza. Autoproclamada entusiasta de la naturaleza, encuentra alegría e inspiración en la belleza y maravillas del entorno natural. Quizás un destello de esta pasión se puede ver en su título juguetón de princesa, una pista de fantasía y una conexión con la belleza y maravilla que a menudo se encuentran en los cuentos de hadas.
La curiosidad intelectual de Arlene también se adentra en los reinos del futuro, particularmente en su gran interés por la Inteligencia Artificial (IA). Este entusiasmo no es solo una búsqueda personal, sino una parte de su compromiso de por vida con el aprendizaje y la comprensión del paisaje tecnológico en rápida evolución, un testimonio de su deseo de integrar métodos innovadores y conocimientos en su enseñanza.
Con un corazón apasionadamente dedicado a la educación y una mente en constante búsqueda de nuevos conocimientos, Arlene Cruz está destinada a convertirse en una influencia significativa y positiva en la vida de sus futuros estudiantes. Su viaje enfatiza la importancia del aprendizaje continuo, la curiosidad y la alegría de descubrir lo desconocido, convirtiéndola en un modelo ideal para la próxima generación de estudiantes.

Jose Valladares

Jose Valladares es un distinguido autor y un dedicado estudiante de ingeniería informática en la Universidad Estatal de California,

Northridge (CSUN). Antes de embarcarse en su viaje en ingeniería, Jose completó un título de Asociado en Artes, demostrando su sólida base en física, química y matemáticas. Su rigor académico se iguala a su prolífica carrera como escritor, habiendo publicado más de 100 libros que abarcan una amplia gama de temas, incluyendo poesía, filosofía, física, espiritualidad, libros para colorear y astronomía.

La pasión de Jose por la música clásica influye profundamente en su proceso creativo, encontrando inspiración en las composiciones magistrales de Beethoven, Vivaldi y Wagner. Esta inclinación musical no solo enriquece su vida personal, sino que también impregna la riqueza temática de sus escritos, añadiendo una capa de profundidad clásica a sus diversas obras.

Además de sus amplias contribuciones literarias, Jose tiene un gran interés en la Inteligencia Artificial, un campo estrechamente alineado con sus estudios en ingeniería informática. Ha escrito dos libros notables sobre el tema: "The Promise and Perils of Superintelligent AI," que explora las implicaciones éticas y prácticas de las tecnologías avanzadas de IA, y "AI Model Design: A Comprehensive Guide to Development, Integration, and Deployment," que sirve como un recurso crucial tanto para novatos como para expertos en la comunidad de IA.

Un aspecto profundo de la vida de Jose es su profunda contemplación espiritual y dedicación a su fe. Atribuye toda la gloria a Jesús, nuestro Redentor y Señor, reconociendo esta inspiración divina como una fuerza guía en todos sus esfuerzos, tanto personales como profesionales. Con una combinación de experiencia técnica y una profunda voz literaria, Jose Valladares continúa influyendo en una amplia variedad de campos, cerrando la brecha entre las ciencias y las humanidades con su perspectiva única y curiosidad insaciable.

Nuestra Inspiración:

Desde una edad temprana, siempre nos fascinó cómo funcionaban las cosas, ya fueran relojes, radios, computadoras o cualquier gadget que despertara nuestra curiosidad. Nuestro viaje colectivo hacia el mundo de la tecnología tomó un giro significativo durante una clase de informática en la escuela secundaria. Allí, nos encargaron diseñar una IA simple para gestionar las necesidades de una mascota virtual. La idea de que pudiéramos crear algo capaz de "pensar" y tomar decisiones de manera independiente fue nada menos que emocionante.

A medida que avanzamos en nuestros estudios, el vasto potencial de la IA continuó cautivándonos. Nos maravillamos de su capacidad para optimizar procesos complejos, desde optimizar rutas de entrega y personalizar contenido educativo hasta ayudar en diagnósticos médicos a velocidades sin precedentes. Cada una de estas aplicaciones no solo abordaba desafíos complejos, sino que también mejoraba significativamente la vida de las personas. Esta realización alimentó nuestra pasión por profundizar en este campo, empujando los límites de lo que la IA podría lograr.

Esta experiencia compartida ha encendido nuestra pasión por la IA, y estamos ansiosos por empoderarte para que explores su potencial también. Pero más allá de la búsqueda personal o académica, sentimos una responsabilidad apremiante de ayudar al mundo a comprender la IA. Por eso estamos tan ansiosos por publicar un libro que presente la IA, diseñado para desmitificar esta tecnología y hacerla accesible para todos. Ya sea mejorando las comodidades diarias, resolviendo desafíos globales críticos o desbloqueando nuevas avenidas de creatividad, la IA tiene un papel transformador que desempeñar. Únete a nosotros en este emocionante viaje de descubrimiento e innovación mientras exploramos las innumerables posibilidades de lo que la IA puede lograr a continuación.

Introducción

Bienvenido al fascinante mundo de la Inteligencia Artificial (IA), un término que se ha vuelto omnipresente y sensacionalista, pero que sigue envuelto en misterio para muchos. Este libro tiene como objetivo desmitificar la IA, ofreciendo una exploración clara de esta tecnología transformadora. Desde sus orígenes en la ciencia ficción hasta su estado actual como una herramienta de vanguardia, desentrañamos las capas de complejidad que rodean a la IA, estableciendo las bases en el Capítulo 1, "Desmitificando la IA". Aquí aprenderás a separar el bombo publicitario de la realidad, obteniendo una comprensión fundamental de los diversos niveles de inteligencia de la IA, desde la IA estrecha, experta en tareas específicas, hasta la IA general, que imita habilidades cognitivas más amplias.

A medida que avanzamos al Capítulo 2, "Cómo Funciona la IA", continuamos desvelando los misterios técnicos de la IA. Este capítulo ilumina conceptos clave como el aprendizaje automático y el aprendizaje profundo, términos que se usan con frecuencia pero rara vez se comprenden, y explica los roles cruciales de los algoritmos y las redes neuronales, el cerebro detrás de la IA. Nos esforzamos por simplificar estos conceptos, asegurándonos de que comprendas los principios fundamentales sin perderte en jerga técnica.

En el Capítulo 3, "La IA en la Vida Cotidiana", la IA se vuelve más tangible mientras exploramos su presencia e impacto a nuestro alrededor. Ya sea optimizando procesos en el sector de la salud, revolucionando los sistemas financieros o mejorando el entretenimiento, la huella de la IA es inconfundible. Sin embargo, con gran poder viene una gran responsabilidad. Este capítulo también aborda las consideraciones éticas y las implicaciones sociales de la IA, fomentando una discusión equilibrada sobre sus beneficios y posibles desafíos.

Este libro no solo trata de entender la IA, sino también de capacitarte para interactuar con ella directamente. El Capítulo 4,

"Comenzando con la IA", proporciona una gran cantidad de recursos, desde cursos en línea y libros influyentes hasta comunidades dinámicas. Estas herramientas están diseñadas para ayudarte a construir una hoja de ruta de aprendizaje personalizada, embarcándote en un viaje que te anima a explorar, experimentar y contribuir al futuro de la IA.

Cada capítulo de esta guía se construye progresivamente, desde conceptos básicos hasta discusiones más sofisticadas, asegurando que, ya seas un novato curioso, un profesional que mejora sus habilidades o un ciudadano preocupado, encuentres ideas valiosas y consejos prácticos. "Desmitificando la IA" te invita a unirte a un viaje de comprensión y dominio de una tecnología que está remodelando nuestro mundo. Vamos a desentrañar juntos las capas de la IA y aprovechar su potencial de manera responsable y efectiva.

Capítulo 1

Desmitificando la IA

Introducción

¡Bienvenido al mundo transformador de la Inteligencia Artificial (IA)! Este capítulo sirve como tu guía comprensiva para entender la IA, aclarando sus representaciones a menudo sensacionalizadas en los medios populares y alineándolas con los avances reales y de vanguardia de la tecnología. Aquí, nuestro objetivo es construir una base sólida de comprensión desmitificando mitos comunes y preparando el escenario para una exploración más profunda de las capacidades e implicaciones de la IA en los capítulos posteriores.

¿Qué es realmente la IA?

La Inteligencia Artificial (IA) es una rama especializada de la informática dedicada al diseño y desarrollo de sistemas inteligentes que son capaces de realizar tareas específicas que normalmente requieren habilidades cognitivas humanas. A diferencia de la amplia representación que a menudo se ve en los medios populares, los sistemas de IA están diseñados con capacidades focalizadas como aprender de los datos, reconocer patrones complejos y tomar decisiones informadas basadas en esos datos. Es crucial entender que estos sistemas no son conscientes; no poseen conciencia ni conciencia emocional. Es importante entender que la Inteligencia Artificial (IA) es fundamentalmente diferente de la conciencia e inteligencia humana. Los sistemas de IA operan basándose en algoritmos y datos: no poseen conciencia ni conciencia emocional, que son intrínsecas a la inteligencia humana.

Las capacidades de la IA a menudo se malinterpretan como similares a la inteligencia humana, pero en realidad, la IA está confinada a los parámetros establecidos por su programación y los datos con los que se entrena. Opera bajo un conjunto definido de reglas y carece de la capacidad de pensar, sentir o tomar decisiones fuera de su programación. Así, aunque la IA pueda parecer inteligente, opera de una manera fundamentalmente diferente al cerebro humano.

La tecnología de IA está estructurada para complementar y aumentar las capacidades humanas en lugar de reemplazar el esfuerzo humano. El objetivo es aprovechar la IA para mejorar la eficiencia y efectividad de las tareas humanas, especialmente aquellas que son mundanas, repetitivas o excesivamente complejas. Al automatizar estas tareas, la IA permite a los humanos centrarse más en actividades creativas, estratégicas e interpersonales donde la inteligencia humana sigue siendo irremplazable.

Este énfasis en la IA como una herramienta de mejora y no de reemplazo ayuda a aclarar su papel previsto en el desarrollo tecnológico y disipa mitos sobre la IA conduciendo a un desplazamiento laboral generalizado o ganando un poder incontrolable. Además, especificar los tipos de tareas que la IA puede manejar—como el análisis de datos, el reconocimiento de patrones y la toma de decisiones automatizadas—proporciona una comprensión más clara de sus funcionalidades y límites. Esto no solo hace que el concepto de IA sea más accesible, sino que también establece expectativas realistas para sus aplicaciones en diversas industrias.

Una de las principales fortalezas de la IA radica en su capacidad para aprender de la experiencia, reflejando cómo los humanos refinan sus habilidades con el tiempo. Por ejemplo, los coches autónomos ejemplifican bien esta capacidad. Al analizar continuamente datos de su entorno—como patrones de tráfico, condiciones meteorológicas y comportamiento de los peatones—estos sistemas de IA mejoran progresivamente sus capacidades de toma de decisiones y reacción en la carretera. Este proceso continuo de aprendizaje y adaptación no solo conduce a una navegación más segura y eficiente, sino que también subraya el potencial de la IA como una herramienta poderosa en diversas aplicaciones.

A diferencia de los humanos, abrumados por la sobrecarga de información, la IA prospera con grandes cantidades de datos complejos. Imagina a un profesional médico examinando cientos de radiografías para identificar signos sutiles de una enfermedad. Los algoritmos de IA pueden analizar estos datos con una velocidad y precisión excepcionales. Al revisar patrones intrincados y correlaciones dentro de las exploraciones médicas, la IA puede ayudar a los médicos a detectar signos tempranos de cáncer, predecir la propagación de una enfermedad o incluso sugerir planes de tratamiento personalizados. Esta destreza en el análisis de datos se extiende más allá de la atención médica. En el mundo empresarial, la IA puede analizar patrones de comportamiento del consumidor en montañas de datos de ventas, interacciones en redes sociales y búsquedas en línea. Al identificar tendencias y predecir preferencias del cliente, las empresas pueden adaptar campañas de marketing, optimizar el desarrollo de productos y personalizar recomendaciones, todo con el objetivo de maximizar la satisfacción del cliente y aumentar los ingresos. Esta capacidad de desbloquear conocimientos a partir de conjuntos de datos complejos empodera a la IA para revolucionar una amplia gama de campos.

La integración de la IA en la manufactura ha transformado significativamente los entornos de producción tradicionales. Los robots impulsados por IA ahora son capaces de "ver", "sentir" y "pensar" mientras interactúan con su entorno. Esta capacidad avanzada les permite realizar tareas complejas que van más allá de movimientos repetitivos simples; pueden adaptarse a nuevas situaciones en tiempo real sin supervisión humana directa. Por ejemplo, un brazo robótico equipado con IA en una línea de ensamblaje ahora puede detectar un desalineamiento en los componentes y ajustar sus acciones inmediatamente para asegurar el ensamblaje correcto sin detener la línea de producción.

Más allá de la mera automatización de tareas y el análisis de datos, la IA sobresale como una herramienta sofisticada para la resolución de problemas en diversos sectores. En la gestión urbana, los algoritmos de IA optimizan la logística calculando las rutas de entrega más eficientes, reduciendo tanto el tiempo como el consumo de combustible. En la ciencia ambiental, la IA contribuye al desarrollo sostenible diseñando sistemas energéticamente eficientes y prediciendo impactos climáticos. Estas capacidades muestran la amplia aplicabilidad de la IA y su papel en el desarrollo de soluciones para algunos de los desafíos globales más apremiantes.

Los beneficios de los robots sensibles al entorno se extienden más allá de una mayor precisión y reducción del tiempo de inactividad. Los robots impulsados por IA también pueden contribuir a un entorno de trabajo más seguro para los trabajadores humanos. Por ejemplo, los robots equipados con sensores de proximidad pueden detectar la presencia de un trabajador humano y ajustar sus movimientos para evitar colisiones o lesiones. Además, la IA se puede utilizar para monitorear posibles peligros de seguridad como fallas de equipo o cambios ambientales. Esto permite el mantenimiento preventivo y ayuda a crear un enfoque más proactivo para la seguridad en las instalaciones de manufactura.

El futuro de los robots impulsados por IA en la manufactura parece aún más prometedor. A medida que la tecnología de IA continúa evolucionando, los robots se volverán aún más sofisticados en su capacidad de percibir y responder a su entorno. Esto podría llevar al desarrollo de robots capaces de colaborar sin problemas con los trabajadores humanos, realizar tareas complejas de ensamblaje e incluso autodiagnosticar necesidades de mantenimiento. Al abrazar el poder de la IA, la industria manufacturera puede inaugurar una nueva era de automatización inteligente, asegurando tanto la seguridad como la eficiencia en el piso de la fábrica.

El alcance de la IA va más allá de la automatización de tareas y el análisis de datos. Aborda problemas complejos en diversos sectores, actuando como una poderosa herramienta de resolución de problemas. Imagina una ciudad bulliciosa con una red de camiones de reparto que se entrelazan por las calles. Los algoritmos de IA pueden analizar patrones de tráfico, condiciones climáticas e incluso tamaños de paquetes para diseñar las rutas de entrega más eficientes, minimizando el tiempo de viaje y el consumo de combustible. Esta misma capacidad de resolución de problemas puede aplicarse en otros campos. En la lucha contra el cambio climático, la IA puede analizar vastos conjuntos de datos sobre el consumo de energía y patrones climáticos para diseñar edificios y redes eléctricas energéticamente eficientes. Al optimizar el uso de energía y minimizar el desperdicio, la IA nos ayuda a avanzar hacia un futuro más sostenible. Estos son solo algunos ejemplos: las capacidades de resolución de problemas de la IA están en constante evolución, prometiendo revolucionar diversas industrias y abordar algunos de los desafíos más apremiantes del mundo.

Es crucial recordar que la IA no es un reemplazo de la inteligencia humana, sino una poderosa herramienta diseñada para aumentar nuestras capacidades. Imagina una caja de herramientas: cada herramienta sirve para un propósito específico, pero un artesano hábil necesita elegir la herramienta adecuada para el trabajo. De manera similar, la IA sobresale en automatizar tareas mundanas y manejar análisis de datos complejos, permitiendo a los humanos participar más profundamente en actividades creativas y estratégicas. Esta relación sinérgica entre la inteligencia humana y la inteligencia artificial abre nuevas vías para la innovación y la eficiencia, preparando el escenario para avances que podrían remodelar nuestro futuro. Al automatizar tareas repetitivas, la IA libera las mentes humanas para actividades más creativas y estratégicas. Además, la IA puede abordar problemas complejos que podrían ser abrumadores para los humanos, analizando grandes cantidades de datos para identificar patrones y soluciones. Al aprovechar las fortalezas de la IA y combinarlas con la ingeniosidad humana, podemos resolver problemas de manera más eficiente, innovar a un ritmo más rápido y, en última instancia, crear un futuro mejor para todos. Esta integración holística subraya el papel de la IA como facilitador del logro humano, en lugar de competidor, fomentando un entorno colaborativo donde la tecnología y la creatividad humana prosperan juntas.

Desmitificando mitos comunes

La inteligencia artificial a menudo genera preocupaciones sobre el futuro del empleo. Un mito prevalente es que la IA causará una pérdida masiva de empleos. Sin embargo, aunque la automatización impulsada por la IA ciertamente cambiará algunos trabajos existentes, es crucial reconocer que también crea nuevas oportunidades laborales. Estos roles emergentes demandarán un conjunto diferente de habilidades, enfatizando las fortalezas humanas como la creatividad, el pensamiento crítico y la inteligencia emocional. El desafío es adaptar nuestra fuerza laboral a través de una educación y capacitación específicas para sobresalir en este entorno cambiante.

Otra idea errónea común es que la IA evolucionará hasta volverse todopoderosa, superando la inteligencia humana en todas las áreas. En realidad, aunque la IA es extremadamente efectiva procesando grandes conjuntos de datos y manejando cálculos complejos, no posee el razonamiento general o la inteligencia emocional que define la cognición humana. En lugar de reemplazar a los humanos, es mejor ver a la IA como una herramienta valiosa que aumenta y mejora nuestras capacidades, apoyando en lugar de suplantar la inteligencia humana.

La IA en Acción:
De la Ciencia Ficción a la Realidad Cotidiana

La inteligencia artificial, una vez relegada al ámbito de la ciencia ficción, se ha entretejido silenciosamente en el tejido de nuestras vidas diarias. Desde la atención médica hasta las finanzas y el servicio al cliente, la IA está mejorando sutil pero significativamente nuestras experiencias. En el campo de la medicina, los algoritmos de IA actúan como asistentes incansables para los radiólogos, analizando vastas cantidades de datos de imágenes con una velocidad y precisión excepcionales. Esto permite la detección temprana de anomalías, lo que potencialmente salva vidas. De manera similar, la IA protege nuestro bienestar financiero. Los sistemas de IA monitorean incansablemente innumerables transacciones, identificando actividades fraudulentas en milisegundos, una hazaña casi imposible para los humanos solos. Incluso la forma en que interactuamos con las empresas está cambiando. Los chatbots y asistentes virtuales impulsados por IA brindan soporte al cliente personalizado, ofreciendo asistencia las 24 horas del día y mejorando la satisfacción general del cliente. Estos son solo algunos ejemplos de cómo la IA está transformando nuestro mundo, no a través de robots llamativos que se apoderan de todo, sino a través de avances sutiles pero impactantes que hacen nuestras vidas más fáciles y seguras.

El Auge de la IA

El resurgimiento de la Inteligencia Artificial puede atribuirse a una confluencia de factores. En primer lugar, los avances en el poder de cómputo, particularmente el desarrollo de procesadores y GPUs (Unidades de Procesamiento Gráfico) poderosos, han dado a los investigadores la capacidad de abordar algoritmos de IA complejos que antes eran computacionalmente intratables. En segundo lugar, la era digital ha dado paso a una era de "Big Data". Esta vasta cantidad de información sirve como combustible para los sistemas de IA, permitiéndoles aprender y mejorar a través de procesos de entrenamiento sofisticados. Finalmente, las mejoras significativas en los propios algoritmos de IA han llevado a una mayor eficiencia y capacidades. Estos avances han allanado el camino para aplicaciones prácticas de la IA que antes estaban relegadas al ámbito de la ciencia ficción.

Sin embargo, es importante distinguir entre dos tipos clave de IA: la IA estrecha y la IA general. La IA estrecha, también conocida como IA débil, representa la gran mayoría de las aplicaciones de IA que encontramos hoy en día. Estos sistemas están diseñados para sobresalir en tareas específicas dentro de un dominio limitado, como jugar al ajedrez o reconocer rostros. Carecen de las capacidades cognitivas generales de los humanos y operan dentro de parámetros predefinidos. Por otro lado, la IA general (IA fuerte) sigue siendo en gran medida teórica. Esta forma hipotética de IA poseería inteligencia a nivel humano o incluso sobrehumana, capaz de aprender y comprender cualquier tarea intelectual que un humano pueda realizar. El potencial de la IA general es tanto emocionante como provocador de pensamiento, planteando consideraciones éticas significativas que deberán abordarse a medida que el campo de la IA continúe evolucionando.

Capítulo 2

Cómo funciona la IA

Introducción

¿Alguna vez te has preguntado cómo las máquinas pueden ganarte en el ajedrez, traducir idiomas en tiempo real o incluso recomendarte la película perfecta para tu noche de viernes? Prepárate, porque estamos a punto de adentrarnos en el fascinante funcionamiento interno de la Inteligencia Artificial (IA). Olvídate de circuitos polvorientos y luces parpadeantes; piensa en la IA como una cocina de alta tecnología, donde en lugar de preparar deliciosas comidas, los robots están ocupados ideando soluciones a problemas complejos. En este capítulo, desentrañaremos las capas (¿como una cebolla o tal vez una lasaña perfecta?) y revelaremos las tecnologías esenciales que permiten a la IA aprender, razonar y tomar decisiones, todo explicado de manera tan clara y atractiva como tu receta favorita.

El Poder de Aprender:
Aprendizaje Automático y Aprendizaje Profundo

Imagina que eres un chef aprendiz, ansioso por convertirte en un maestro de las artes culinarias. No memorizarías todas las recetas existentes, ¿verdad? En cambio, aprenderías a través de la experiencia, experimentando con diferentes sabores, técnicas e ingredientes. Ese es el principio básico detrás del Aprendizaje Automático (Machine Learning, ML), una piedra angular de la IA. A diferencia de la programación tradicional, donde cada paso está meticulosamente predefinido, el ML permite a los sistemas de IA aprender de los datos. Estos datos actúan como la experiencia del chef aprendiz: una vasta colección de recetas, platos exitosos e incluso errores de cocina pasados. Al analizar patrones y relaciones dentro de estos datos, la IA refina progresivamente su comprensión de la tarea en cuestión.

Aprendizaje Profundo: La Cocina Alquímica

Ahora, vamos a ser un poco más aventureros. Imagina que no solo estás imitando recetas existentes, sino que estás creando combinaciones de sabores completamente nuevas y sorprendentes. Ese es el ámbito del Aprendizaje Profundo (Deep Learning, DL), una forma especializada de ML que utiliza estructuras complejas llamadas redes neuronales. Inspiradas en el cerebro humano, estas redes consisten en capas interconectadas, cada una experta en identificar detalles cada vez más intrincados dentro de los datos.

Piensa en la primera capa de una red de Aprendizaje Profundo como en el reconocimiento de ingredientes básicos, como especias y métodos de cocción. A medida que los datos fluyen a través de las capas subsecuentes, la red comienza a identificar relaciones más complejas: la sutil interacción de sabores, las texturas que se complementan y la creación de nuevas sensaciones gustativas. El Aprendizaje Profundo requiere grandes cantidades de datos para florecer realmente, pero sus capacidades son revolucionarias. Por ejemplo, puede analizar millones de imágenes no solo para distinguir objetos, sino también variaciones sutiles en la iluminación, la perspectiva e incluso las emociones en los rostros humanos.

Un Equilibrio Delicado:
Aprender de la Experiencia, Evitar Sesgos

Sin embargo, al igual que un chef aprendiz que solo ha sido entrenado en postres podría tener dificultades con un plato salado, los sistemas de IA son susceptibles a los sesgos y limitaciones dentro de los datos de los que aprenden. Imagina a nuestro aprendiz siendo entrenado únicamente en dulces; su capacidad para crear una comida perfectamente equilibrada se vería gravemente afectada. De manera similar, conjuntos de datos sesgados o incompletos pueden llevar a los sistemas de IA a desarrollar prejuicios o producir resultados inexactos.

El poder del Aprendizaje Automático y el Aprendizaje Profundo radica en su capacidad para aprender y mejorar continuamente. Pero este potencial solo puede ser plenamente realizado mediante el uso responsable de conjuntos de datos de alta calidad y diversos. Al asegurar que los datos reflejen la riqueza y complejidad del mundo real, podemos desbloquear el verdadero potencial de la IA y capacitarla para convertirse en una herramienta versátil y sin sesgos para el progreso.

Algoritmos: El Libro de Recetas con un Giro

En el núcleo de un sistema de IA se encuentra el algoritmo. Pero, a diferencia de un libro de recetas estático, es un conjunto dinámico de instrucciones que puede adaptarse y evolucionar. Algunos algoritmos son simples, como una receta básica con instrucciones claras paso a paso. Por ejemplo, un filtro de correo no deseado puede utilizar un algoritmo de árbol de decisiones, analizando palabras clave e información del remitente para determinar si un correo electrónico pertenece a la carpeta de spam.

Sin embargo, la IA va más allá de las recetas básicas. Puede aprovechar algoritmos más complejos, como el chef experimentado que fusiona tradiciones culinarias de todo el mundo. Estos algoritmos, conocidos como métodos de conjunto (ensemble methods), integran datos de múltiples fuentes y ajustan dinámicamente su enfoque en función de la tarea en cuestión. Imagina un sistema de recomendación de restaurantes que no solo considera tus pedidos anteriores, sino que también toma en cuenta los ingredientes de temporada, la disponibilidad en tiempo real e incluso las preferencias de tus compañeros de cena.

Redes Neuronales: Imitando la Intuición del Chef Maestro

Ahora, considera al chef maestro que va más allá del libro de recetas, confiando en la experiencia y la intuición para crear una obra maestra. Aquí es donde entran en juego las redes neuronales, un tipo especializado de algoritmo inspirado en el cerebro humano.

Las redes neuronales son estructuras intrincadas compuestas de capas interconectadas, cada capa diseñada para reconocer patrones específicos dentro de los datos. Los datos fluyen a través de estas capas, similar a cómo el chef analiza los ingredientes y sus interacciones. Imagina que la primera capa reconoce características básicas como colores y formas en una imagen, mientras que las capas más profundas identifican patrones más complejos, permitiendo a la red distinguir un gato de un perro o incluso las emociones expresadas en el rostro humano.

La belleza de las redes neuronales radica en su capacidad para aprender y adaptarse. A medida que procesan grandes cantidades de datos, las conexiones entre estas "neuronas" se fortalecen o debilitan, similar a cómo el cerebro refuerza las vías neuronales con la experiencia. Esto permite que la red refine su comprensión y tome decisiones cada vez más matizadas, como un chef experimentado que puede ajustar intuitivamente una receta en función de las sutiles variaciones en los ingredientes o el ambiente que quiere crear. Por ejemplo, una red neuronal podría recomendar agregar una pizca de hojuelas de chile a una salsa de tomate basándose en datos que indican una preferencia por platos más picantes.

Datos: Los Ingredientes Frescos de la IA

Imagina a un maestro culinario creando un plato magnífico. Su pericia va más allá de simplemente seguir una receta; se nutre de una comprensión profunda de los ingredientes, sus interacciones y los matices sutiles del sabor. Los datos juegan un papel igualmente crucial en la Inteligencia Artificial (IA), actuando como el alimento que fomenta su crecimiento y capacidades.

La Mesa de Entrenamiento: Moldeando el Conocimiento de la IA

Así como un chef depende de ingredientes de alta calidad para crear una obra maestra, la IA prospera con datos de entrenamiento. Estos datos sirven como la mesa de entrenamiento sobre la cual los sistemas de IA aprenden. En una técnica llamada aprendizaje supervisado, los datos de entrenamiento consisten en ejemplos emparejados: entradas junto con sus correspondientes salidas deseadas. Al analizar estos emparejamientos, el sistema de IA comprende progresivamente las relaciones entre ellos. Imagina un sistema de IA aprendiendo a identificar diferentes razas de perros.

Los datos de entrenamiento incluirían innumerables imágenes de perros, cada una etiquetada con su raza específica. A medida que la IA ingiere estos datos, refina su comprensión de las señales visuales que distinguen una raza de otra.

Las Trampas de un Lote Echado a Perder: La Importancia de la Calidad de los Datos

La calidad de los datos es fundamental para la efectividad de cualquier sistema de IA. Datos defectuosos o incompletos, similares a ingredientes echados a perder, pueden tener consecuencias perjudiciales. Datos llenos de errores - imagina precios históricos de acciones con entradas faltantes - pueden engañar al sistema de IA, llevando a predicciones inexactas. Conjuntos de datos sesgados, como un libro de recetas que contiene solo postres, pueden limitar las capacidades de la IA y potencialmente llevar a resultados discriminatorios. Por ejemplo, un sistema de IA entrenado con solicitudes de préstamos de un grupo demográfico específico podría perpetuar disparidades históricas en la concesión de préstamos.

Cultivando un Festín de IA Equilibrado

Al comprender la interacción entre el Aprendizaje Automático, el Aprendizaje Profundo, los algoritmos, las redes neuronales y, lo más importante, los datos, obtenemos una apreciación más profunda del potencial y las limitaciones de la IA. En los capítulos siguientes, exploraremos cómo estos elementos se combinan para revolucionar varios campos. Sin embargo, también debemos reconocer las consideraciones éticas en torno al desarrollo de la IA. Así como un chef habilidoso se esfuerza por crear una comida bien equilibrada y deliciosa, debemos asegurarnos de que la IA se nutra con una dieta de datos diversa y sin sesgos. Esto será crucial para aprovechar el poder de la IA para el bienestar de la humanidad mientras mitigamos posibles desventajas.

Una mirada hacia el futuro: El porvenir de la IA

A medida que profundizamos en el mundo de la inteligencia artificial, exploraremos sus aplicaciones en diversos sectores, desde la salud y las finanzas hasta el transporte y el entretenimiento. También examinaremos los debates en curso sobre la ética de la IA, asegurándonos de que esta poderosa tecnología se desarrolle y despliegue de manera responsable. El futuro de la IA está lleno de posibilidades y, al equiparnos con una comprensión integral de su funcionamiento interno, podemos convertirnos en participantes activos en la conformación de su evolución para el beneficio de todos.

Capítulo 3

La IA en la vida cotidiana

Introducción

¿Alguna vez te has preguntado cómo tu teléfono sugiere la siguiente palabra que vas a escribir o cómo tu aplicación de música parece saber exactamente qué canciones te encantarán? ¡Eso es el poder de la IA en acción! La IA, o Inteligencia Artificial, está a nuestro alrededor, trabajando silenciosamente detrás de escena para hacer nuestras vidas más fáciles y agradables. En este capítulo, exploraremos algunas de las formas en que ya interactúas con la IA en tu vida diaria. Echaremos un vistazo a tu smartphone, donde la IA ayuda con tareas como:

Asistentes inteligentes

Los asistentes inteligentes como Siri, Alexa y Google Assistant son como tener un ayudante personal siempre al alcance de la mano. Estos asistentes digitales aprovechan el poder de la Inteligencia Artificial (IA) para entender tus comandos de voz de una manera natural e intuitiva. Por ejemplo, puedes preguntar fácilmente, "Oye Siri, ¿cómo está el clima hoy?" o instruir a Alexa diciendo, "Pon una alarma para las 7 am." Más allá de manejar estas tareas rutinarias, estos asistentes impulsados por IA están equipados para responder a una amplia gama de preguntas, desde eventos actuales hasta consultas curiosas como "¿Cuál es la montaña más alta del mundo?" Procesan e interpretan tu lenguaje con notable precisión, adaptándose continuamente a tus preferencias para proporcionar una experiencia personalizada e interactiva. Ya sea que estés buscando gestionar tu agenda, disfrutar de música o controlar dispositivos inteligentes en el hogar, estos asistentes inteligentes simplifican estas actividades con solo un comando de voz.

Recomendaciones personalizadas

Las recomendaciones personalizadas impulsadas por IA han mejorado significativamente nuestras experiencias de navegación, especialmente cuando se trata de seleccionar películas y programas en plataformas de streaming o encontrar productos en sitios de compras. ¿Alguna vez te has sentido abrumado por las opciones interminables disponibles en un servicio de streaming, sin saber qué ver? La IA puede simplificar esto actuando como tu curador personal, ajustando las sugerencias a tus gustos. Así es como funciona: los algoritmos de IA analizan diligentemente tus hábitos de visualización pasados, considerando factores como tus géneros preferidos, actores favoritos e incluso las horas del día en que sueles ver contenido. Al reconocer patrones en tus elecciones anteriores, la IA recomienda inteligentemente películas, programas o productos que se alinean con tus intereses. Por ejemplo, si disfrutas frecuentemente de comedias románticas, la IA podría sugerir títulos nuevos o populares dentro de ese género. De manera similar, en sitios de compras como Amazon, si compras regularmente equipos deportivos, la IA podría ofrecerte las últimas innovaciones o ofertas en artículos deportivos. Este método de utilizar la IA no solo hace que el descubrimiento sea más agradable y relevante, sino que también mejora significativamente la satisfacción del usuario al presentar opciones personalizadas que probablemente resuenen con tus preferencias personales.

Filtros de fotos y herramientas de edición

Los filtros de fotos y las herramientas de edición han experimentado una transformación con la llegada de la IA, revolucionando la forma en que mejoramos nuestras imágenes. Atrás quedaron los días de ajustes manuales laboriosos en tu computadora. Ahora, las herramientas impulsadas por IA te permiten mejorar instantáneamente tus fotos y crear visuales impresionantes con solo unos pocos toques o clics. Imagina que has capturado una hermosa puesta de sol, pero la iluminación en tu foto parece un poco apagada. La IA puede encargarse de analizar la imagen y ajustar automáticamente el brillo, el contraste y el equilibrio de color, infundiendo vida a tu foto para hacer que la puesta de sol sea vibrante y visualmente impactante. Pero las capacidades de la IA van mucho más allá de simples ajustes.

Por ejemplo, si deseas preservar un recuerdo perfecto con un amigo pero encuentras que un objeto no deseado, como tu dedo, ha arruinado la toma, la IA puede acudir al rescate. Los algoritmos avanzados de IA pueden detectar y eliminar estas distracciones de manera impecable, asegurándose de que no afecten la calidad de tu imagen final.

Y para aquellos que se sienten creativos, la IA puede ayudar a desbloquear tu potencial artístico. Ya sea que quieras transformar tu retrato en una pintura al óleo clásica, aplicar un filtro de caricatura caprichoso, o crear una escena futurista bañada en neón, las herramientas impulsadas por IA hacen que estas expresiones artísticas sean fáciles y divertidas. Estas herramientas están en constante evolución, trayendo continuamente nuevos y emocionantes efectos creativos que te permiten expresar tu estilo único en la fotografía.

Las herramientas de edición de fotos impulsadas por IA son un cambio revolucionario, democratizando el acceso a ediciones de calidad profesional y permitiendo que cualquiera capture y comparta sus recuerdos de la mejor manera posible. Ya seas un fotógrafo profesional o un aficionado casual, estas herramientas ofrecen un nivel de facilidad y control sin precedentes, haciendo que sea más sencillo que nunca lograr fotografías hermosas e impactantes.

Pero la IA no se limita solo a tu teléfono, también se está convirtiendo cada vez más en parte de nuestros hogares, integrándose de manera fluida en nuestras rutinas diarias para mejorar la conveniencia y la seguridad:

Altavoces inteligentes

Imagina un pequeño dispositivo que se sienta en tu encimera y actúa como un mayordomo a tu mando. Esa es la magia de los altavoces inteligentes como Amazon Echo, Google Nest Audio y Apple HomePod. Equipados con asistentes de IA como Alexa, Google Assistant y Siri, estos dispositivos solo necesitan tus comandos de voz para ponerse en acción. Colocados en áreas comunes como cocinas y salas de estar, pueden reproducir música, controlar luces, ajustar termostatos e incluso ayudar con las compras, todo a través de simples comandos de voz. Aprenden de tus preferencias y rutinas, volviéndose más personalizados y útiles con cada interacción.

Cámaras de seguridad

Incluso nuestros hogares están recibiendo una mejora significativa en seguridad gracias a la IA. Atrás quedaron los días de imágenes borrosas y falsas alarmas constantes, ya que las modernas cámaras de seguridad habilitadas por IA funcionan como perros guardianes vigilantes, solo que más inteligentes y eficientes. Estas cámaras utilizan reconocimiento facial impulsado por IA para diferenciar entre caras familiares, como un vecino devolviendo una cortadora de césped prestada, y rostros desconocidos merodeando en tu porche, reduciendo en gran medida las alertas innecesarias de visitantes conocidos o entregas rutinarias. También distinguen entre mascotas y personas, asegurando que solo recibas alertas por preocupaciones de seguridad legítimas en lugar de cada vez que tu mascota se mueve por la casa. Además, la detección de movimiento mejorada por IA es capaz de analizar el tamaño, la forma y la velocidad de los objetos en movimiento, diferenciando efectivamente entre movimientos inofensivos y posibles amenazas de seguridad. Con la capacidad de proporcionar monitoreo en tiempo real y notificaciones instantáneas, incluidas alertas inmediatas acompañadas de videoclips cada vez que se detecta una actividad inusual, estas cámaras permiten respuestas rápidas, mejorando la seguridad del hogar con precisión y eficiencia.

Aspiradoras robóticas

Las aspiradoras robóticas han experimentado una evolución notable, pasando de simples recogepolvos a convertirse en ayudantes incansables e indispensables en el hogar, gracias a la integración de tecnología avanzada de IA. Estos pequeños pero poderosos compañeros de limpieza pueden navegar por los suelos de tu casa como profesionales experimentados, asegurándose de que cada rincón permanezca impecable con un esfuerzo mínimo por tu parte. La tecnología de IA mejora estas aspiradoras con capacidades como mapeo y memoria, lo que les permite crear mapas virtuales detallados de tu hogar. Esto les permite recordar la disposición de los muebles, evitar obstáculos de manera sistemática y adaptarse a cambios en la colocación del mobiliario, asegurando una limpieza eficiente de cada rincón. También están equipadas con características de detección de acantilados y evitación de obstáculos, utilizando sensores impulsados por IA para navegar de manera segura alrededor de posibles peligros como escaleras y evitar obstáculos cotidianos como juguetes y platos de mascotas, garantizando sesiones de limpieza suaves e ininterrumpidas. Además, las funciones de programación y limpieza inteligente te permiten configurar las aspiradoras para que operen según un horario personalizado o automáticamente cuando no estás, adaptando sus patrones de limpieza para centrarse en las áreas de mayor tráfico según los niveles de actividad en tu hogar, proporcionando así una limpieza más personalizada y exhaustiva. Lejos de ser solo máquinas de limpieza prácticas, las aspiradoras robóticas con IA son asistentes inteligentes que no solo mantienen la limpieza de tu hogar, sino que también operan de manera autónoma, liberando tu tiempo para otras actividades. Esta integración fluida de la IA en electrodomésticos cotidianos como las aspiradoras ejemplifica cómo la IA se está convirtiendo en una parte esencial y beneficiosa de nuestras vidas diarias, mejorando drásticamente nuestra comodidad y conveniencia.

Salud

En el ámbito de la salud, la IA está desempeñando un papel cada vez más crucial al mejorar la precisión diagnóstica, personalizar los tratamientos y mejorar los resultados quirúrgicos. La capacidad de la IA para analizar imágenes médicas, como radiografías, resonancias magnéticas y tomografías computarizadas, con precisión y rapidez ayuda a los médicos a diagnosticar enfermedades mucho antes y con mayor exactitud que los métodos tradicionales. Esta tecnología emplea algoritmos sofisticados para detectar patrones y anomalías sutiles que podrían pasar desapercibidos para el ojo humano, permitiendo una intervención temprana para condiciones como el cáncer, trastornos neurológicos y enfermedades cardíacas.

La IA extiende su utilidad a la medicina personalizada al analizar datos de pacientes para diseñar planes de tratamiento que se adapten específicamente a la composición genética, el estilo de vida y el historial de salud de cada individuo. Este enfoque mejora significativamente la efectividad de los tratamientos y reduce la probabilidad de reacciones adversas, llevando a mejores resultados para los pacientes y una entrega de atención médica más eficiente.

La IA también está transformando los procedimientos quirúrgicos al proporcionar asistencia a través de sistemas de cirugía robótica. Estos robots impulsados por IA pueden realizar cirugías complejas con una precisión y control más allá de las capacidades humanas, llevando a operaciones menos invasivas, tiempos de recuperación reducidos y minimizando el error humano. Los cirujanos pueden aprovechar la IA para planificar cirugías con alta precisión, asegurando que cada movimiento sea calculado y preciso, lo cual es especialmente crucial en áreas delicadas como la neurocirugía o las microcirugías.

La integración de la IA en la salud no solo aumenta las capacidades de los profesionales médicos, sino que también revoluciona el cuidado de los pacientes, haciéndolo más proactivo, personalizado y preciso. Este avance tecnológico está llevando a avances significativos en la investigación médica y las prácticas clínicas, allanando el camino hacia un futuro donde la atención médica sea más accesible, efectiva y alineada con las necesidades individuales de los pacientes.

Finanzas

En el sector financiero, la IA está logrando avances significativos al mejorar la seguridad y proporcionar servicios financieros personalizados. Al emplear algoritmos avanzados y técnicas de aprendizaje automático, los sistemas de IA pueden monitorear y analizar vastas cantidades de datos de transacciones en tiempo real para detectar patrones indicativos de actividad fraudulenta. Por ejemplo, si se detecta una transacción inusual, como una compra grande en un país extranjero, en tu tarjeta de crédito, la IA puede marcarla de inmediato, alertando tanto al usuario como a la institución financiera. Esta detección rápida ayuda a prevenir posibles pérdidas financieras y protege a los usuarios contra el robo de identidad y otras formas de fraude financiero.

Más allá de la seguridad, la IA también está transformando la manera en que se ofrece asesoramiento financiero. El asesoramiento financiero personalizado es otra área donde la IA sobresale, utilizando vastos conjuntos de datos para analizar los comportamientos financieros individuales, las preferencias y las tendencias económicas. Las herramientas impulsadas por IA pueden ofrecer consejos personalizados sobre ahorros, inversiones y gastos, ayudando a las personas a optimizar sus decisiones financieras basadas en sus metas personales y tolerancia al riesgo. Por ejemplo, los robo-advisors, que son plataformas financieras impulsadas por IA, utilizan algoritmos para gestionar y asignar los activos de un cliente con mínima intervención humana, proporcionando estrategias de inversión que se ajustan dinámicamente a medida que cambian las condiciones del mercado.

La IA facilita un mejor servicio al cliente en el sector financiero a través de chatbots y asistentes virtuales. Estas soluciones de IA pueden manejar consultas relacionadas con saldos de cuentas, historiales de transacciones y transacciones financieras rutinarias, ofreciendo respuestas rápidas y eficientes las 24 horas del día, los 7 días de la semana, mejorando así la experiencia del cliente y la eficiencia operativa.

La integración de la IA en las finanzas no solo refuerza la seguridad y la eficiencia, sino que también democratiza el asesoramiento financiero, haciéndolo más accesible a un público más amplio. Esto contribuye a un panorama financiero más inclusivo donde las personas pueden tomar decisiones financieras más informadas y seguras, lo que finalmente lleva a una mejor salud y estabilidad financiera.

Transporte

En el sector del transporte, la IA es un cambio radical, particularmente con la llegada de los coches autónomos. Estos vehículos autónomos están equipados con un conjunto de sensores avanzados, cámaras y sistemas de radar, todos integrados con tecnologías de IA que les permiten interpretar su entorno, tomar decisiones en fracciones de segundo y navegar por las carreteras con un nivel de seguridad y eficiencia sin precedentes. Los sistemas de IA procesan datos de los sensores del vehículo para reconocer semáforos, leer señales de tráfico, detectar peatones, identificar obstáculos y monitorear otros vehículos en la carretera, ajustando la velocidad y la dirección según sea necesario para garantizar condiciones de conducción seguras.

Más allá de responder a las condiciones inmediatas de la carretera, la IA en los coches autónomos también incorpora tecnologías predictivas que anticipan posibles peligros y ajustan las rutas en tiempo real. Por ejemplo, la IA puede predecir los movimientos de vehículos o peatones cercanos que podrían cruzar su camino y puede redirigir dinámicamente para evitar congestiones de tráfico, aprovechando vastas cantidades de datos y algoritmos sofisticados para optimizar el tiempo de viaje y la eficiencia del combustible.

Los coches autónomos también contribuyen a reducir el error humano, que es la causa principal de la mayoría de los accidentes de tráfico. Al automatizar las tareas de conducción, la IA mejora la seguridad vial, ofreciendo una solución prometedora para reducir accidentes y mejorar la gestión del tráfico. Además, se espera que el aumento de los vehículos autónomos transforme la planificación urbana y la logística, proporcionando soluciones de transporte más fiables y rentables para el transporte de bienes y viajes personales. Esta tecnología no solo promete hacer los desplazamientos individuales más cómodos y menos estresantes, sino que también tiene el potencial de revolucionar los sistemas de transporte público al integrarse de manera fluida con las infraestructuras de las ciudades inteligentes, mejorando así la accesibilidad y movilidad para todos los residentes de la ciudad.

Entretenimiento

En la industria del entretenimiento, la IA está desempeñando un papel cada vez más crucial en la personalización y mejora de las experiencias de los usuarios. Las tecnologías de IA se emplean extensamente para curar contenido adaptado a los gustos individuales, desde personalizar dinámicamente los feeds de noticias hasta sugerir películas y programas de televisión basados en los hábitos de visualización previos. Por ejemplo, las plataformas de streaming como Netflix y Hulu utilizan algoritmos de IA sofisticados para analizar tu historial de visualización y preferencias, permitiéndoles recomendar contenido que se alinea estrechamente con tus intereses, aumentando así el compromiso y la satisfacción del espectador.

Más allá de la recomendación de contenido, la IA también contribuye significativamente a los aspectos creativos del entretenimiento. En la producción cinematográfica, la IA se utiliza para impulsar efectos visuales avanzados, permitiendo a los cineastas crear escenas más realistas e intrincadas que antes eran imposibles o prohibitivamente caras. El software impulsado por IA puede automatizar procesos tediosos como el rotoscopio (donde los elementos se separan manualmente fotograma a fotograma para efectos especiales), y simular entornos realistas o personajes digitales que interactúan de manera fluida con los actores en vivo.

La IA está transformando la industria de la música al ayudar a los artistas a componer música, generar nuevos sonidos o incluso completar piezas inacabadas. Los sistemas de IA analizan vastas cantidades de datos musicales, aprendiendo de composiciones musicales existentes para crear nuevas piezas que pueden imitar géneros o estilos específicos. Esta capacidad no solo es una herramienta para artistas establecidos, sino que también permite a los músicos aspirantes producir composiciones pulidas sin necesidad de recursos de producción extensivos.

En el mundo de los videojuegos, la IA mejora el compromiso del jugador al impulsar personajes no jugadores (NPC) que reaccionan inteligentemente a las acciones del jugador, contribuyendo a una jugabilidad más inmersiva y dinámica. Los algoritmos de IA ayudan en el diseño de juegos que se adaptan al nivel de habilidad del jugador, haciendo que los juegos sean más inclusivos y agradables para una amplia audiencia. A medida que la IA continúa evolucionando, tiene el potencial de revolucionar aún más aspectos de nuestras vidas.

Una mirada equilibrada: La IA y el futuro

Al encontrarnos en el umbral de una nueva era impulsada por la Inteligencia Artificial (IA), sus notables capacidades y su potencial transformador en diversos sectores son innegables. Desde revolucionar la atención médica con la detección temprana de enfermedades hasta automatizar tareas para aumentar la eficiencia, la IA promete inaugurar una nueva era de progreso. Sin embargo, al explorar estos avances, es crucial abordar las implicaciones éticas y los impactos sociales de esta poderosa tecnología. Si bien la IA puede mejorar la eficiencia y ofrecer beneficios sin precedentes, su implementación plantea preocupaciones significativas respecto a la equidad, la privacidad y el desplazamiento de empleos.

Una de las principales consideraciones éticas es la equidad de los sistemas de IA. Existe una creciente preocupación de que, si no se gestiona con cuidado, la IA podría perpetuar o incluso exacerbar los sesgos existentes. Por ejemplo, los algoritmos de IA utilizados en software de reconocimiento facial entrenados con conjuntos de datos que representan principalmente a una etnia podrían tener dificultades para identificar con precisión rostros de otras etnias. Esto puede llevar a un trato injusto de ciertos grupos, reforzando las desigualdades sociales. Asegurar que los sistemas de IA sean transparentes y que sus procesos de toma de decisiones sean explicables en un lenguaje claro y comprensible es fundamental para mantener la confianza y la equidad.

A medida que la IA continúa automatizando tareas que tradicionalmente realizaban los humanos, existe un riesgo tangible de desplazamiento laboral. Sectores como la manufactura, el servicio al cliente e incluso algunos campos profesionales como el derecho y la contabilidad están viendo un aumento en la automatización. Si bien esto puede conducir a una mayor productividad y reducción de costos, también plantea desafíos para el desplazamiento de la fuerza laboral. Es imperativo considerar cómo la sociedad puede adaptarse a estos cambios. La inversión en programas de reentrenamiento y mejora de habilidades, junto con políticas que apoyen las transiciones laborales, serán vitales para ayudar a aquellos afectados por la automatización impulsada por la IA. Sin embargo, la IA también puede crear nuevas oportunidades laborales en campos como el desarrollo de IA, la ciencia de datos y la colaboración humano-IA, roles que requieren una combinación única de habilidades humanas y el poder de la IA.

Además, la privacidad de los individuos está en juego ya que los sistemas de IA a menudo dependen de grandes conjuntos de datos, incluida información personal, para funcionar de manera efectiva. Garantizar medidas robustas de protección de datos y regular la recopilación, el uso y el almacenamiento de datos es esencial para proteger los derechos de privacidad individual y mantener la confianza pública en las tecnologías de IA. Explorar técnicas de anonimización de datos y métodos de encriptación robustos puede proteger aún más los derechos de privacidad individual.

Abordar estas preocupaciones requiere un esfuerzo colaborativo entre los legisladores, los desarrolladores de tecnología y la comunidad en general. Fomentando un diálogo que incluya perspectivas y conocimientos diversos, podemos guiar el desarrollo e implementación de tecnologías de IA de una manera que respete las consideraciones éticas y promueva una sociedad equitativa. Además, una regulación proactiva y una integración reflexiva de la IA pueden ayudar a garantizar que esta tecnología actúe como una fuerza para el bien, mejorando la vida de las personas mientras se protegen los valores y derechos humanos fundamentales. Este enfoque equilibrado será crucial para realizar todo el potencial de la IA mientras se mitigan sus riesgos, asegurando que beneficie a todos los segmentos de la sociedad y marque el comienzo de un futuro impulsado por la IA que sea sostenible e inclusivo.

Capítulo 4

Comenzando con la IA

Introducción

Atrás quedaron los días de configuraciones de hardware costosas y configuraciones complejas para acceder a la magia de la IA. Bienvenidos a la era de la IA basada en la nube, donde plataformas como OpenAI, Google Cloud AI Platform (GCP AI Platform) e IBM Watson ofrecen una amplia gama de capacidades de IA disponibles a través de internet. Estas plataformas funcionan como tu patio de juegos personal de IA, eliminando la necesidad de inversiones iniciales elevadas y permitiéndote experimentar y construir con herramientas de IA de vanguardia.

Este capítulo profundiza en tres destacadas plataformas de IA basadas en la nube: OpenAI, GCP AI Platform y Watson. Exploraremos sus ofertas únicas, desde modelos preentrenados listos para usar "fuera de la caja" hasta herramientas robustas para construir y desplegar soluciones de IA personalizadas.

OpenAI

OpenAI, fundada originalmente como una empresa de investigación sin fines de lucro, ha sido un campeón en hacer accesibles las tecnologías de IA de vanguardia a un público amplio. Se han convertido en un pilar en la democratización de la IA, empoderando a desarrolladores, investigadores y empresas en todo el mundo para explorar e integrar funcionalidades de IA en sus proyectos.

ChatGPT: Una Potencia de IA Conversacional

Una de las contribuciones más notables de OpenAI es ChatGPT, el avanzado modelo de IA conversacional que discutimos anteriormente. Imagina tener un asistente de IA personal en tu bolsillo, listo para entablar conversaciones estimulantes, responder tus preguntas de manera informativa o incluso generar ideas junto a ti. ChatGPT, disponible a través de una aplicación de iPhone fácil de usar, muestra el potencial de la IA para el uso diario y el aprendizaje en un formato fácilmente accesible.

Pero OpenAI va más allá de las aplicaciones fáciles de usar. Ofrecen una suite robusta de funcionalidades de IA accesibles a través de APIs (Interfaces de Programación de Aplicaciones). Piensa en las APIs como puentes que conectan tu código con los poderosos modelos de IA de OpenAI.

Desatando el Potencial de la IA a Través de APIs Poderosas

OpenAI ofrece APIs robustas que los desarrolladores pueden usar para incorporar funcionalidades de IA en sus propias aplicaciones. Estas APIs proporcionan la columna vertebral para integrar herramientas de IA en diversas plataformas, mejorando la interacción del usuario y automatizando respuestas.

Profundicemos en algunas posibilidades emocionantes: Construyendo un Chatbot de Servicio al Cliente

Imagina un chatbot útil e informativo en tu sitio web, impulsado por la IA de OpenAI. Al utilizar una API de OpenAI para el procesamiento del lenguaje natural, puedes crear un chatbot que entienda las consultas de los clientes, proporcione respuestas relevantes e incluso resuelva problemas básicos, todo sin la necesidad de intervención humana las 24 horas del día, los 7 días de la semana. Como se destacó anteriormente, esto puede mejorar significativamente la experiencia del cliente y la eficiencia operativa.

Un Espectro de Aplicaciones

Las APIs de OpenAI se extienden más allá del servicio al cliente. Pueden ayudar en la generación de contenido, automatizar respuestas rutinarias de correo electrónico o incluso ayudar en la programación sugiriendo correcciones y mejoras de código. La flexibilidad de la API de OpenAI permite su integración en una amplia gama de plataformas, desde pequeñas startups hasta grandes sistemas empresariales, lo que la convierte en una herramienta versátil para la transformación digital.

Comenzando con OpenAI:
Una Experiencia de Integración Suave

Para comenzar a usar la poderosa suite de herramientas de IA de OpenAI, como la API de ChatGPT, los pasos iniciales implican un proceso de configuración sencillo accesible tanto para desarrolladores como para entusiastas con diferentes niveles de experiencia técnica:

1. Registro: Crear una cuenta con OpenAI es gratuito, lo que te permite explorar las capacidades de la plataforma sin un compromiso financiero inmediato. Visita el sitio web de OpenAI, donde puedes registrarte rápida y fácilmente.

2. Obtención de Claves API: Una vez registrado, necesitarás obtener claves API. Estas claves son esenciales ya que autorizan a tus aplicaciones a acceder a las APIs de OpenAI. El tablero de usuario de la plataforma proporciona un camino claro para generar y gestionar tus claves API.

3. Acceso a la Plataforma: Puedes acceder a los servicios de OpenAI desde cualquier dispositivo con conectividad a internet, ya sea un smartphone o una computadora. Esta flexibilidad asegura que puedas trabajar en tus proyectos de IA desde cualquier lugar, adaptándote a tu estilo de vida o demandas laborales.

4. Opciones de Suscripción: Si bien abrir una cuenta y el acceso básico son gratuitos, OpenAI ofrece planes de suscripción que proporcionan límites de uso más altos y características adicionales. Estas suscripciones están diseñadas para satisfacer una gama de necesidades, desde desarrolladores individuales e investigadores hasta grandes empresas que requieren recursos más extensos.

5. Utilización de la Documentación: OpenAI proporciona una documentación completa que te guía a través del proceso de realizar llamadas a la API, gestionar entradas de datos e interpretar salidas. Este recurso es invaluable ya que asegura que puedas integrar y aprovechar efectivamente las capacidades de IA dentro de tus proyectos. La documentación está diseñada para ser accesible, ofreciendo instrucciones paso a paso que se adaptan a diversos niveles de habilidad.

Con tus claves API y un buen entendimiento de la documentación, estás listo para comenzar a integrar funcionalidades de IA en tus aplicaciones. Ya sea que estés construyendo un simple chatbot, diseñando una herramienta de análisis impulsada por IA más compleja, o simplemente experimentando con las capacidades de la IA, las herramientas de OpenAI son lo suficientemente robustas para manejar una amplia gama de tareas. Siguiendo estos pasos, puedes desbloquear todo el potencial de las ofertas de OpenAI, convirtiendo tus ideas innovadoras en realidad con el apoyo de una de las plataformas de IA más avanzadas disponibles hoy en día. Ya seas un desarrollador experimentado o un principiante curioso, OpenAI asegura que los recursos de IA de alta calidad estén al alcance de tu mano.

Plataforma de IA de Google Cloud

Plataforma de IA de Google Cloud (GCP AI Platform) se erige como un titán en el mundo del desarrollo de IA. Imagina una caja de herramientas completa repleta de servicios de IA de vanguardia, eso es lo que ofrece GCP AI Platform. Esta plataforma atiende a una amplia gama de usuarios, desde principiantes que se adentran en la IA por primera vez hasta desarrolladores experimentados que construyen modelos de IA complejos.

Un Buffet de Modelos de IA Preentrenados: Listos para Usar, Directamente Desde la Caja

Uno de los aspectos más atractivos de GCP AI Platform es su vasta biblioteca de modelos de IA preentrenados. Estos modelos son como comidas precocinadas en el mundo de la IA: ya han sido entrenados con conjuntos de datos masivos y están listos para usar en tareas específicas. Aquí hay algunos ejemplos de los modelos preentrenados que encontrarás en GCP AI Platform:

¿Necesitas identificar objetos en imágenes o videos? GCP AI Platform ofrece modelos preentrenados que pueden hacer precisamente eso. Imagina construir una aplicación que etiquete automáticamente fotos en tu sitio web o ayude a usuarios con discapacidades visuales a entender el contenido de las imágenes.

Desbloquea el poder del lenguaje humano con los modelos de procesamiento de lenguaje natural (NLP) preentrenados de GCP AI Platform. Estos modelos pueden analizar datos de texto, traducir idiomas e incluso generar texto similar al humano. Esto abre puertas para tareas como el análisis de sentimiento de reseñas de clientes, la construcción de chatbots que entienden el lenguaje natural o incluso la creación de asistentes de escritura automatizados.

GCP AI Platform cierra la brecha entre el habla y el texto con sus modelos preentrenados. Imagina construir una aplicación que transcriba grabaciones de voz en texto o permita a los usuarios interactuar con tu sistema a través de comandos de voz.

Estos son solo algunos ejemplos: GCP AI Platform ofrece una gama diversa de modelos preentrenados, cada uno abordando una tarea específica de IA. La belleza de estos modelos es que requieren una configuración mínima y pueden integrarse rápidamente en tus proyectos, permitiéndote aprovechar las funcionalidades de IA sin la necesidad de entrenar tus propios modelos desde cero (lo cual puede ser un proceso que consume tiempo y recursos).

Construyendo tus Propios Modelos de IA Personalizados: Desde el Inicio Hasta el Despliegue

Pero GCP AI Platform no se limita a modelos preentrenados. También te permite construir y desplegar tus propios modelos de IA personalizados. Esto es ideal para situaciones donde los modelos existentes no se alinean perfectamente con tus necesidades específicas.

La plataforma ofrece una suite de herramientas y servicios para apoyar todo el ciclo de vida de los modelos de IA personalizados:

GCP AI Platform proporciona herramientas para ayudarte a limpiar, organizar y preparar tus datos para el entrenamiento de IA. Este paso crucial asegura que tus modelos se entrenen con datos de alta calidad, lo que lleva a resultados más precisos y confiables.

Elige el entorno de entrenamiento que mejor se adapte a tu proyecto. GCP AI Platform ofrece una variedad de opciones, desde máquinas virtuales potentes con GPUs (Unidades de Procesamiento Gráfico) para modelos complejos hasta opciones sin servidor para modelos más pequeños o aquellos que requieren actualizaciones frecuentes.

GCP AI Platform va más allá de solo construir modelos: te permite entender cómo funcionan y monitorear su desempeño. Esto asegura que tus modelos funcionen como se espera y ayuda a identificar posibles sesgos o áreas de mejora.

Una vez que tu modelo de IA está entrenado, GCP AI Platform facilita su despliegue para uso en producción. La plataforma proporciona herramientas para gestionar versiones de modelos, escalar despliegues para manejar un aumento en el tráfico y monitorear el rendimiento en tiempo real.

Una Interfaz Amigable y Soporte Extenso: Reduciendo la Barrera de Entrada

GCP AI Platform reconoce que no todos son expertos en IA. Es por eso que priorizan la facilidad de uso. La plataforma cuenta con una interfaz clara e intuitiva que facilita la navegación tanto para principiantes como para desarrolladores experimentados.

Además, GCP AI Platform ofrece documentación extensa, tutoriales y ejemplos de código para guiarte en cada paso del proceso. También tienen un foro comunitario de apoyo donde puedes conectar con otros desarrolladores y obtener ayuda con cualquier desafío que encuentres.

Al combinar una suite completa de modelos preentrenados, herramientas robustas para construir modelos personalizados y una plataforma amigable, Google Cloud AI Platform empodera a individuos y empresas de todos los tamaños para aprovechar el poder de la IA. Ya sea que seas un principiante explorando el mundo de la IA o un desarrollador experimentado construyendo modelos complejos, GCP AI Platform ofrece los recursos y el apoyo para ayudarte a alcanzar tus objetivos de IA.

Comenzando con Google Gemini: Tu Compañero de Chat de IA te Espera

¿Te intriga la idea de conversar con un potente modelo de IA pero no quieres adentrarte en la complejidad de la programación? ¡No busques más que Google Gemini! Este innovador chatbot de IA es fácilmente accesible y ofrece una experiencia amigable para cualquier persona interesada en explorar las maravillas de la IA conversacional.

Aquí tienes tu guía para comenzar tu viaje con Google Gemini:

1. Comprobación de Elegibilidad:

Actualmente, Google Gemini está en desarrollo y tiene disponibilidad limitada. Para comprobar si eres elegible para acceso anticipado, puedes visitar el sitio web de Gemini (https://deepmind.google/technologies/gemini/) y registrarte en la lista de espera.

Mantén un ojo en tu correo electrónico, ya que Google puede notificarte cuando haya un espacio disponible para que pruebes Gemini.

2. Descarga de la Aplicación (Una Vez Disponible):

Una vez que recibas acceso, probablemente podrás descargar la aplicación de Gemini a través de Google Play Store (para dispositivos Android) o App Store (para dispositivos iOS).

3. Configuración de Tu Cuenta Gemini:

Al iniciar la aplicación, serás guiado a través de un proceso de configuración sencillo. Esto podría implicar crear un inicio de sesión o conectar tu cuenta de Google existente.

4. Conversando con Gemini: ¡Deja que Comience la Conversación!

Una vez configurado, estás listo para conversar con Gemini. Simplemente escribe tus preguntas o indicaciones en la ventana de chat y presiona enviar. Gemini analizará tu entrada y responderá de manera comprensiva e informativa.

Aquí tienes algunas cosas que puedes hacer con Gemini:

Hacer Preguntas: ¿Tienes una pregunta urgente sobre cualquier tema? Gemini puede acceder y procesar grandes cantidades de información, lo que lo convierte en un recurso valioso para satisfacer tu curiosidad.

Generar Ideas: ¿Bloqueado creativamente? Gemini puede actuar como tu compañero de brainstorming de IA, ayudándote a generar nuevas ideas y explorar diferentes perspectivas.

Ayuda con Tareas: ¿Necesitas asistencia para escribir correos electrónicos, resumir documentos o incluso traducir idiomas? Gemini puede ser tu asistente de IA, completando tareas de manera eficiente y precisa.

Explorando las Capacidades de Gemini

Dado que Gemini aún está en desarrollo, sus funcionalidades podrían evolucionar con el tiempo. Mantente atento a las actualizaciones y anuncios de Google sobre nuevas características y capacidades.

También puedes explorar comunidades y foros en línea dedicados a Gemini para aprender consejos y trucos de otros usuarios tempranos y descubrir formas creativas de interactuar con este chatbot de IA.

Siguiendo estos pasos y estando atento a futuras actualizaciones, estarás bien encaminado para experimentar el emocionante mundo de la IA conversacional con Google Gemini. Recuerda que Gemini aún está en desarrollo, por lo que sus funcionalidades pueden ser limitadas inicialmente. Sin embargo, ofrece una visión del futuro de la interacción con IA y puede ser una herramienta valiosa para el aprendizaje, la exploración y la resolución creativa de problemas.

IBM Watson

La Potencia de IA para Empresas y Desarrolladores

Cuando se trata de jugadores establecidos en el campo de la IA, IBM Watson se destaca. Pionero en el campo durante décadas, Watson ofrece un conjunto robusto de herramientas y servicios de IA específicamente diseñados para empoderar a empresas de todos los tamaños. Piensa en Watson como tu tienda integral para integrar soluciones de IA en varios aspectos de tu organización, desde el análisis de datos hasta el compromiso con el cliente e incluso el diagnóstico médico (en entornos específicos y regulados).

Watson atiende a una amplia gama de necesidades empresariales, ofreciendo una suite de soluciones preconstruidas que abordan desafíos específicos. Mientras que las plataformas anteriores se enfocaban en empoderar a individuos para construir sus propias soluciones de IA, IBM Watson adopta un enfoque diferente. Imagina a Watson como una potencia de IA preconstruida, equipada con una suite de herramientas poderosas diseñadas para abordar diversos desafíos empresariales. ¿Luchando por entender tus crecientes montañas de datos? Las herramientas de análisis de datos de Watson vienen al rescate. Impulsadas por IA, estas herramientas descubren patrones ocultos en tus datos, predicen tendencias futuras y, en última instancia, optimizan tus procesos de toma de decisiones. Imagina esto: Watson analiza los datos de compras de tus clientes, revelando nuevas oportunidades de marketing o incluso prediciendo necesidades de mantenimiento para tu equipo, previniendo costosos tiempos de inactividad antes de que ocurran.

Pero las capacidades de Watson se extienden más allá del análisis de datos. En el competitivo panorama empresarial de hoy, el compromiso excepcional con el cliente es una prioridad máxima. Afortunadamente, Watson ofrece soluciones impulsadas por IA para elevar tus interacciones con los clientes. Imagina chatbots impulsados por Watson, respondiendo eficientemente a las preguntas de los clientes y personalizando las recomendaciones de productos basadas en su comportamiento pasado. Esto no solo mejora la satisfacción del cliente, sino que también libera a tus representantes de servicio al cliente para que manejen problemas más intrincados, permitiéndoles aprovechar su experiencia donde realmente se necesita.

El impacto de Watson es amplio y profundo, incluso revolucionando el sector de la salud. Aquí, Watson utiliza su destreza en IA para asistir a los profesionales médicos. Imagina a Watson analizando datos de pacientes para sugerir posibles diagnósticos o ayudando en el emocionante ámbito del descubrimiento de medicamentos al identificar opciones de tratamiento prometedoras. Sin embargo, es crucial recordar que Watson es una herramienta poderosa diseñada para aumentar la experiencia humana, no para reemplazarla completamente. Las consideraciones éticas y los marcos regulatorios robustos son fundamentales cuando se trata de aplicaciones tan sensibles. Watson empodera a los profesionales médicos, pero el juicio humano y la relación médico-paciente siguen siendo irremplazables.

Estos son solo algunos ejemplos: Watson ofrece una amplia gama de soluciones orientadas a los negocios. La plataforma está en constante evolución, con nuevos servicios y funcionalidades que se añaden regularmente. Mientras que Watson atiende las necesidades empresariales con sus soluciones preconstruidas, no olvida al desarrollador individual. Imagina a Watson como un tesoro para aquellos que quieren explorar y experimentar con la IA. La plataforma ofrece una gran cantidad de herramientas y recursos de código abierto, eliminando las elevadas tarifas de licencia que a menudo son una barrera de entrada. Este enfoque abierto fomenta la innovación: los desarrolladores pueden construir sobre tecnologías existentes, creando aplicaciones de IA completamente nuevas y emocionantes. Al igual que otras plataformas, Watson proporciona APIs (Interfaces de Programación de Aplicaciones). Piensa en estas APIs como puentes que conectan el código de un desarrollador con los potentes modelos de IA de Watson. Esto permite a los desarrolladores diseñar aplicaciones personalizadas que aprovechan todo el potencial de Watson para propósitos únicos. Pero el soporte de Watson va más allá de las herramientas. Han cultivado una vibrante comunidad de desarrolladores. Este espacio en línea fomenta las conexiones, el intercambio de conocimientos y la colaboración en proyectos. Los nuevos desarrolladores pueden aprender de la experiencia de veteranos, mientras que los desarrolladores experimentados pueden contribuir al avance colectivo de las tecnologías de IA, asegurando un ciclo continuo de innovación dentro del ecosistema de desarrolladores de Watson.

Comenzando con IBM Watson

IBM Watson ofrece una plataforma fácil de usar que facilita el comienzo, incluso para personas sin experiencia extensa en IA.

Aquí tienes una visión general rápida:

Explora el sitio web de Watson: El sitio web de Watson proporciona información completa sobre los diversos servicios, herramientas y recursos de la plataforma. Puedes encontrar tutoriales, documentación y estudios de caso para entender cómo Watson puede beneficiar tus necesidades específicas.

Regístrate en una opción gratuita: Muchos de los servicios de Watson ofrecen niveles gratuitos, permitiéndote experimentar con funcionalidades básicas antes de comprometerte con un plan pago.

Elige tus herramientas: Una vez que hayas identificado tus necesidades, explora las diversas herramientas y servicios que Watson ofrece. Ya sea que busques soluciones preconstruidas o quieras construir tu propia aplicación personalizada utilizando APIs, Watson tiene algo para ti.

Comienza a aprender y construir: Con la gran cantidad de recursos disponibles, ¡sumérgete en el aprendizaje y la construcción! Watson proporciona tutoriales, ejemplos de código y una comunidad de apoyo para guiarte en tu viaje de IA.

Al aprovechar el poder de IBM Watson, las empresas de todos los tamaños pueden obtener una ventaja competitiva a través de un análisis de datos avanzado, un compromiso mejorado con los clientes y soluciones innovadoras adaptadas a sus necesidades específicas. Para los desarrolladores, Watson ofrece una plataforma para la exploración, la experimentación y la construcción de la próxima generación de aplicaciones impulsadas por IA.

Desbloqueando Tu Taller de IA: Claves y Herramientas para la Exploración

Has elegido tu patio de juegos de IA: ¡una plataforma llena de potencial! Ahora, vamos a prepararte y listo para experimentar con estas poderosas herramientas.

Paso 1: Consiguiendo Tus Claves - Registro Fácil

Cada plataforma opera como un taller seguro: necesitarás una clave para entrar. Afortunadamente, el proceso de registro es sencillo. La mayoría de las plataformas solo requieren una dirección de correo electrónico y una contraseña, similar a registrarse en cualquier servicio en línea. Piénsalo como obtener tu tarjeta de identificación personalizada para el taller de IA.

Paso 2: Preparándote - Configuración de Tu Entorno de Desarrollo

Imagina tu entorno de desarrollo como tu banco de trabajo personal dentro del taller de IA. Aquí es donde interactuarás con las herramientas y construirás tus proyectos. Cada plataforma proporciona instrucciones claras para configurar tu entorno, generalmente implicando la instalación de herramientas de desarrollo de software. No te preocupes, estas herramientas suelen ser gratuitas y fáciles de usar: ¡piénsalas como tu conjunto de herramientas esenciales para el taller de IA!

Paso 3: Hablando el Lenguaje – Entendiendo las APIs

Ahora viene la parte emocionante: ¡interactuar con la IA! Muchas plataformas basadas en la nube utilizan APIs (Interfaces de Programación de Aplicaciones) para actuar como mensajeros entre tu código y los modelos de IA. Imagina una API como un asistente amigable en el taller. Tú le dices al asistente (API) lo que quieres (acceder a funcionalidades específicas de IA), y ellos transmiten tu solicitud al modelo de IA (como la maquinaria de alta tecnología del taller) y traen de vuelta los resultados (salida de IA).

Las APIs pueden sonar complejas, ¡pero no te intimides! La mayoría de las plataformas ofrecen guías detalladas y tutoriales sobre cómo usarlas. Aprenderás a escribir fragmentos de código simples que hagan llamadas a las APIs de los modelos de IA, permitiéndote solicitar tareas o información específicas. Por ejemplo, podrías escribir una llamada a la API para que un modelo de IA analice una imagen e identifique los objetos dentro de ella, como si estuvieras usando una herramienta especializada en tu taller.

Más Allá del Código: Explorando Opciones de IA Accesibles

Mientras que la programación abre puertas a funcionalidades avanzadas, existen opciones para aquellos que prefieren una experiencia más amigable:

Aplicación ChatGPT

¿Recuerdas ChatGPT, el modelo de IA conversacional que mencionamos antes? OpenAI ofrece una aplicación para iPhone fácil de usar que permite a cualquier persona interactuar directamente con la IA. Imagina tener un asistente de IA personal en tu bolsillo, listo para una conversación casual o para responder a tus preguntas de manera informativa. Esta es una manera fantástica de experimentar el poder de la IA sin necesidad de escribir una sola línea de código.

Modelos de IA Preconstruidos

Muchas plataformas ofrecen modelos de IA preconstruidos que actúan como herramientas listas para usar en tu taller. Estos modelos pueden integrarse en tus proyectos sin necesidad de programar desde cero. Por ejemplo, podrías encontrar un modelo preentrenado para el análisis de sentimientos, esencialmente una herramienta que analiza las emociones expresadas en datos de texto. Podrías usar este modelo preconstruido para analizar las reseñas de clientes en tu sitio web, obteniendo valiosos conocimientos sin necesidad de construir el modelo tú mismo.

Esta sección te equipa con el conocimiento y los recursos para desbloquear tu taller de IA. Recuerda, el mundo de la IA está en constante evolución, ofreciendo nuevas herramientas y plataformas todo el tiempo. Así que, mantén la curiosidad, explora diferentes opciones y prepárate para desatar tu creatividad en este emocionante ámbito de la IA.

Capítulo 5

Comunicándose con la IA: Consejos y Comandos Prácticos

Introducción

¡Bienvenido al emocionante mundo de la comunicación con IA! Este capítulo te equipa con el conocimiento y las habilidades para navegar en las interacciones con asistentes de IA, agentes virtuales y otros sistemas de IA. Exploraremos el funcionamiento interno del procesamiento del lenguaje natural (NLP), descubriremos comandos esenciales para el uso diario y desbloquearemos el vasto potencial de la IA tanto para emprendimientos personales como profesionales.

Comprendiendo el Procesamiento del Lenguaje Natural (NLP): Cómo la IA Entiende el Lenguaje Humano

Imagina tener una conversación con una máquina que realmente entiende lo que estás diciendo. ¡Esa es la magia del Procesamiento del Lenguaje Natural (NLP)! NLP es una rama de la IA que permite a las computadoras comprender y procesar el lenguaje humano.

Entendiendo tu Entrada: Desglosando los Componentes Básicos

Cuando se trata de entender el lenguaje humano, los sistemas de IA funcionan como lingüistas altamente especializados. Para las interacciones habladas, comienzan utilizando técnicas de reconocimiento de voz: piensa en ello como un traductor sofisticado que transforma tus ondas sonoras vocales en un formato digital que la computadora puede comprender. Es como descomponer el habla en pequeños fragmentos sonoros (fonemas) y luego ensamblarlos para identificar palabras, como armar un rompecabezas sonoro.

Para el texto escrito, los sistemas de IA cambian de marcha a la interpretación de texto. Imagínalo como un laboratorio de disección digital donde cada oración que escribes es desmenuzada meticulosamente. La IA, actuando como un cirujano gramatical meticuloso, separa y analiza cada palabra, investigando sus roles gramaticales y puntualizando para entender la estructura de la oración.

Una vez que las palabras están dispuestas, la IA pasa al etiquetado de partes del discurso. Imagina a un pequeño bibliotecario diligente colocando una etiqueta sobre cada palabra para clasificarla como sustantivo, verbo, adjetivo, etc. Esto ayuda a la IA a entender la función de cada palabra, preparando el terreno para una comprensión más profunda.

Pero la IA no se detiene ahí. También realiza el análisis de dependencias, que podría visualizarse como dibujar un mapa digital de la oración. Aquí, traza cómo cada palabra está vinculada e influye en sus vecinas, como un análisis de redes sociales para palabras. Este mapeo complejo permite que la IA entienda la estructura general y el significado subyacente de la oración, asegurando que no solo escuche o lea tus palabras, sino que realmente las comprenda.

Identificando el Significado:
Decodificando la Intención Más Profunda

Adentrándonos más en el ámbito de la comprensión del lenguaje de la IA, exploramos cómo la IA no solo escucha o lee, ¡sino que casi juega al detective con tus palabras! Primero, tenemos el Reconocimiento de Entidades Nombradas (NER). Esto es como si la IA se pusiera el sombrero de Sherlock Holmes, identificando y clasificando elementos clave como personas, lugares, organizaciones, fechas e incluso valores monetarios en tu texto o discurso. Esto le ayuda a captar el contexto de lo que estás diciendo, para poder adaptar sus respuestas con una relevancia impresionante.

Luego, en la caja de herramientas de la IA está el Análisis de Sentimientos. Piensa en esto como si la IA sintonizara tus frecuencias emocionales. No se trata solo de las palabras que eliges, sino de cómo te sientes cuando las dices. ¿Estás curioso, frustrado o quizás muy contento? Al captar estos matices emocionales, la IA ajusta sus respuestas, asegurando que las interacciones no solo sean precisas sino también empáticamente alineadas con tu estado de ánimo.

Luego está el Análisis del Discurso para las conversaciones más largas: imagina a la IA sacando una lupa para examinar el flujo de la conversación. No solo mira oraciones individuales en aislamiento, sino que entiende cómo se conectan y se construyen unas sobre otras para entregar un mensaje coherente y comprensivo. Este análisis ayuda a la IA a mantenerse al día con los giros y vueltas de los diálogos extendidos, asegurando que permanezca relevante e informativa a lo largo de la conversación. En este ballet lingüístico de alta tecnología, la IA realmente muestra su destreza al no solo escuchar o leer tus palabras, sino al entender el espectro completo de la comunicación humana.

Formulando una Respuesta:
Creando una Respuesta Personalizada

Cuando chateas con una IA, no solo improvisa: ¡hay mucha potencia detrás de cada respuesta! Una vez que la IA comprende lo que estás diciendo, entra en modo de generación de respuestas. Esto puede parecer que rebusca en su colosal base de conocimientos para obtener la información que necesitas, organizando acciones como reservar tu próximo vuelo de fin de semana, o tal vez incluso canalizando a su Shakespeare interior para redactar poemas o guiones.

Esta astuta creación de respuestas es impulsada por la Generación de Lenguaje Natural (NLG). Imagina a la IA como un meticuloso orfebre de palabras, seleccionando cuidadosamente palabras, alineándolas en oraciones gramaticalmente correctas y asegurándose de que todo encaje perfectamente dentro del contexto de tu conversación en curso. Es como tener una charla con alguien que no solo es inteligente, sino también increíblemente atento a los detalles.

Pero espera, ¡hay más! Muchos sistemas de IA añaden un toque de personalización a la mezcla. Basándose en tus interacciones y preferencias anteriores, ajustan sus respuestas para adaptarse a tu estilo y necesidades. Es como tener un barista que recuerda exactamente cómo te gusta tu café: con un extra de espresso, sin espuma. Este toque personal hace que la interacción sea más fluida y atractiva, haciéndote sentir que la IA realmente te entiende.

Y no olvidemos que el mundo del Procesamiento del Lenguaje Natural (NLP) está siempre en movimiento. A medida que las tecnologías de IA evolucionan, su habilidad para captar las sutilezas del lenguaje humano solo mejora. Esto significa que las futuras conversaciones serán aún más fluidas y naturales, difuminando las líneas entre conversar con una máquina y un amigo humano. Así que prepárate para un futuro donde las conversaciones con IA podrían convertirse en parte de tu charla diaria.

Los siguientes consejos te ayudarán a asegurar una comunicación fluida con los sistemas de IA:

Conversar con una IA a veces puede sentirse como enseñar a un estudiante de idiomas muy entusiasta, pero un poco despistado. Primero, cuando hables con la IA, piensa en ello como hablar con alguien que no domina completamente tu idioma. Mantén tus oraciones claras y evita la jerga; es como simplificar tu discurso sin hacerlo demasiado básico. Esta claridad ayuda a la IA a comprender lo que estás diciendo sin enredarse. Y recuerda, no necesitas sonar como un robot tú mismo. Solo usa tu tono habitual de conversación, como si estuvieras hablando con un amigo que resulta ser un poco... digital.

Si la IA se confunde, y es probable que lo haga, ten paciencia y trata de reformular tus palabras o especificar más. Piénsalo como ayudar a un amigo a mejorar sus habilidades lingüísticas; cuanto más practiques con ellos, mejor se vuelven. Tus comentarios son como oro para estos sistemas, ayudándolos a aprender y a volverse más inteligentes con el tiempo.

Ahora, hablemos de dominar las interacciones diarias con tus compañeros de IA, como Siri, Alexa o Google Assistant. Estos sistemas de IA se han convertido en parte del tapiz digital diario, respondiendo a comandos de voz para hacer todo tipo de cosas útiles. Ya sea que quieras atenuar las luces sin levantar un dedo, averiguar si necesitas un paraguas para tu salida, establecer recordatorios para tus citas o relajarte con algo de música, estos asistentes virtuales están aquí para hacer la vida un poco más fácil. ¡Solo habla y mira la magia suceder, todo sin usar las manos!

Aquí tienes algunos comandos esenciales para comenzar con los asistentes virtuales:

Sumergirse en el mundo de los asistentes virtuales puede ser tan emocionante como descubrir que tienes poderes mágicos, especialmente cuando te das cuenta de lo mucho que puedes lograr con unos pocos comandos de voz simples. Empecemos con lo básico: ya sea que seas del equipo Siri, Alexa o Google Assistant, comenzar con un amistoso "Oye Siri," "Hola Alexa," o un alegre "Hola Google," marca el inicio. Y cuando sea hora de despedirse, un cortés "Adiós" hace el truco.

Pero tu nuevo amigo digital puede hacer mucho más que solo charlar. ¿Necesitas obtener el pronóstico del tiempo del día o saber la hora en Londres? Solo pregunta, "¿Cuál es el clima hoy?" o "¿Qué hora es en Londres?" Tal vez estás pensando en alguna trivia durante la cena, simplemente lanza un "¿Cuál es la capital de Francia?" y tendrás tu respuesta más rápido de lo que puedes decir "Escargot."

Cuando se trata de mantener tu vida en orden, estos asistentes son como tus secretarios personales. Diles que "Pongan una alarma para las 7 am," o que "Añadan leche a mi lista de compras," y considera que está hecho. ¿Quieres moverte? Solo di, "Reproduce mi lista de reproducción de entrenamiento," y estarás listo para comenzar.

Y para aquellos que han adoptado la vida del hogar inteligente, comandos como "Enciende las luces en la sala," "Ajusta el termostato a 22 grados," o "Cierra la puerta principal," pueden hacerte sentir como si tuvieras superpoderes. Familiarizándote con estos comandos esenciales, desbloquearás todo el potencial de tu asistente de IA, simplificando tus tareas diarias y automatizando tu entorno hogareño solo con tu voz. ¡Bienvenido al futuro: es bastante conveniente aquí!

IA para Profesionales

En el mundo profesional, la IA no es solo un concepto futurista; es una potencia del presente que está cambiando el juego en cómo operan las empresas. Atrás quedaron los días en que la IA solo se trataba de pedir a los asistentes virtuales que reproduzcan tus canciones favoritas. Ahora, las empresas están aprovechando la IA para aumentar la productividad, mejorar la toma de decisiones y revolucionar los flujos de trabajo, demostrando que las herramientas de IA no solo son inteligentes, sino que son brillantes compañeras de trabajo.

Toma el análisis de datos, por ejemplo. La IA actúa como un analista turboalimentado que puede cribar conjuntos de datos masivos, detectar tendencias más rápido que el ojo humano y generar informes perspicaces. Esto permite a las empresas tomar decisiones basadas en datos y afinar sus operaciones casi a la perfección. Y cuando se trata de servicio al cliente, los chatbots impulsados por IA son como los ayudantes siempre listos y todo-sabedores del mundo digital. Manejan las consultas rutinarias con facilidad, dejando a los representantes humanos libres para abordar los problemas más complicados. Estos bots no solo son eficientes; personalizan las interacciones con los clientes y mantienen el servicio al cliente operativo las 24 horas, asegurando que ninguna consulta quede sin respuesta.

Pero los talentos de la IA no terminan ahí. En el ámbito de la creación de contenido, los asistentes de escritura de IA se están convirtiendo en los compañeros definitivos, ayudando a producir desde copias de marketing llamativas hasta resúmenes de documentos completos, liberando a los profesionales para que se concentren en los aspectos estratégicos más importantes. Y para los científicos en batas de laboratorio, la IA es el nuevo compañero de laboratorio, asistiendo en la investigación científica al analizar datos de experimentos y simulaciones a velocidades vertiginosas, acelerando drásticamente el descubrimiento y la innovación.

A medida que la tecnología de IA continúa madurando, su potencial para transformar los paisajes profesionales en todas las industrias parece ilimitado. Con la IA, el futuro del trabajo no solo es brillante; es brillante, prometiendo un mundo donde la productividad y la innovación van de la mano.

Aplicaciones Creativas de IA: Explorando Formas Divertidas e Inesperadas de Usar IA para Entretenimiento y Hobbies

La IA no solo es para la sala de juntas; ¡también sabe cómo divertirse! Cuando se trata de exploración creativa y divertida, la IA está lista para elevar el entretenimiento y aportar un toque especial a tus hobbies. Una de las maneras más geniales en las que la IA está incursionando en nuestro tiempo de ocio es a través de la generación de música impulsada por IA. Imagina un maestro digital a tu disposición, listo para crear piezas musicales originales adaptadas a tus gustos. Incluso puedes colaborar con esta IA para orquestar una banda sonora única que podría ser tu próximo gran éxito en Spotify.

Pero los talentos de la IA no terminan ahí. Esta tecnología es una verdadera navaja suiza de diversión, lista para animar tu tiempo libre con una variedad de aplicaciones creativas e inesperadas. Ya seas un músico en ciernes buscando una nueva forma de componer o simplemente alguien que ama experimentar con nueva tecnología, la IA proporciona un campo de posibilidades para mejorar tu entretenimiento y hobbies de maneras que nunca has imaginado. Entonces, ¿por qué no dejar que tu amigo digital tome la cabina de DJ por un rato o te ayude a crear tu próxima obra maestra artística? ¡Con la IA, la diversión apenas comienza!

Capítulo 6

Bloques de Construcción de la IA

Introducción

¿Alguna vez te has preguntado cómo convertir la ciencia ficción en realidad? ¡Este capítulo es tu plataforma de lanzamiento! Nos sumergiremos en las herramientas y trucos que los programadores de IA usan para construir aplicaciones increíbles, desde chatbots que responden tus preguntas hasta programas que recomiendan películas que te encantarán. ¿La mejor parte? No necesitas una capa de superhéroe para empezar.

Aprendiendo el Lenguaje de la IA: Habla Como una Máquina

Imagina la IA como un asistente poderoso pero quisquilloso. Necesita instrucciones claras en un lenguaje que entienda. Ahí es donde entran los lenguajes de programación. Nos enfocaremos en dos opciones amigables para principiantes:

Python

Python no es solo un lenguaje de programación cualquiera; es un faro de claridad en el a menudo complejo mundo de la codificación. Diseñado para ser accesible y legible, Python actúa como un entrenador de IA amigable a tu lado, guiándote por el emocionante mundo de la programación con paciencia y precisión.

A diferencia de algunos lenguajes de programación que pueden parecer rompecabezas crípticos, Python está diseñado para ser accesible y legible, incluso para principiantes. Imagina tener un entrenador de IA amigable a tu lado, guiándote pacientemente a través de cada paso. La sintaxis de Python es conocida por su claridad, con instrucciones escritas de una manera que se asemeja al lenguaje cotidiano. Esto facilita entender cómo funciona tu código y evitar errores comunes. Además, la inmensa popularidad de Python en la comunidad de IA significa que tienes una vasta red de soporte en línea a tu disposición. Si alguna vez te atascas en un concepto, hay innumerables foros, comunidades y tutoriales disponibles para ayudarte a solucionar problemas y seguir adelante. Pero Python no solo ofrece facilidad de uso; también tiene una poderosa capacidad bajo el capó. Python cuenta con un rico ecosistema de bibliotecas diseñadas específicamente para tareas de IA. Estas bibliotecas, como TensorFlow y PyTorch (que exploraremos más adelante), proporcionan código preescrito para operaciones matemáticas complejas y algoritmos esenciales para construir modelos inteligentes. Al aprovechar estas bibliotecas, puedes centrarte en los aspectos creativos del desarrollo de IA sin quedarte atrapado en las complejidades de la programación de bajo nivel. Así que, ya seas un completo novato o un aspirante a desarrollador de IA, Python ofrece la combinación perfecta de facilidad de uso, herramientas poderosas y una comunidad de apoyo, lo que lo convierte en una excelente elección para tu viaje en la programación de IA.

R

Mientras que Python destaca por su facilidad de uso, R brilla cuando se trata de manejar el alma de la IA: los datos. Imagina que tienes un enorme almacén repleto de información, pero todo está en un desorden total. Aquí es donde entra R, empuñando sus herramientas avanzadas para el análisis y la visualización de datos como un superhéroe que ordena un ático desordenado. R cuenta con una colección completa de funcionalidades diseñadas específicamente para la manipulación de datos. Estas herramientas te permiten limpiar, organizar y transformar tus datos en un formato utilizable para los modelos de IA. Piénsalo como ordenar y etiquetar meticulosamente todo en tu almacén, haciendo que sea fácil encontrar exactamente lo que necesitas. R es también el sueño de un estadístico, ofreciendo un vasto arsenal de herramientas para descubrir patrones ocultos dentro de tus datos, como códigos secretos esperando ser descifrados para construir modelos de IA inteligentes. R también es una potencia en la visualización, proporcionando herramientas ricas para crear gráficos y tablas claros e informativos. Imagina transformar tus datos organizados en infografías coloridas que incluso tu abuela pueda entender (asumiendo que tu abuela sea bastante conocedora de la tecnología). La visualización de datos no solo te ayuda a entender mejor tus datos, sino que también te permite comunicar tus hallazgos a otros, lo cual es crucial al explicar cómo funciona tu modelo de IA. Con su capacidad para manejar conjuntos de datos masivos de manera eficiente, R es una herramienta poderosa en tu arsenal de IA si tu objetivo es profundizar en los datos y desbloquear los conocimientos ocultos que alimentan las aplicaciones de IA inteligentes.

Herramientas Esenciales:
Construyendo tu Cerebro de IA

¡Ahora que conoces los lenguajes, exploremos las herramientas que hacen realidad los conceptos de IA! Estas son como las herramientas de efectos especiales en una película de IA.

TensorFlow

Imagina un vasto cerebro digital. TensorFlow es una biblioteca integral para Python que te permite construir modelos de IA complejos. En el corazón de muchos modelos de IA se encuentran las redes neuronales artificiales, inspiradas en el cerebro humano. TensorFlow proporciona herramientas poderosas para construir y entrenar estas intrincadas redes, los bloques fundamentales que permiten a tu IA aprender y tomar decisiones inteligentes. La belleza de TensorFlow es su versatilidad; ya sea que estés construyendo un programa para reconocer a tu gato en fotos embarazosas de la infancia o creando un traductor de idiomas que accidentalmente convierte poemas de amor en listas de compras (porque, bueno, esa es la información con la que lo entrenaste), TensorFlow ofrece las herramientas que necesitas. Es como tener una caja de herramientas gigante llena de equipos especializados para cada etapa del proceso de desarrollo de IA. Además, TensorFlow está respaldado por Google y una gran comunidad, por lo que si alguna vez te atascas, hay una vasta red de expertos lista para ayudarte. Aunque TensorFlow ofrece un poder inmenso, también puede tener una curva de aprendizaje más pronunciada. Pero para aquellos dispuestos a invertir el tiempo, desbloquea un mundo de posibilidades para construir aplicaciones de IA innovadoras.

PyTorch

Conocido por su flexibilidad y enfoque amigable para el usuario, PyTorch es excelente para principiantes ansiosos por experimentar y ver resultados rápidamente. Es como tener un conjunto de bloques de construcción de IA que son fáciles de ensamblar y probar nuevas cosas.

Scikit-learn

¡De acuerdo, geeks, escuchen! Todos conocemos la lucha de manejar datos antes de construir un modelo de IA. Es como tratar de programar con el teclado cubierto de polvo de Cheetos: desordenado e ineficiente. Ahí es donde entra Scikit-learn, nuestro héroe anónimo del manejo de datos.

Piensa en Scikit-learn como tu navaja suiza para la preparación de datos. Tiene todo un arsenal de herramientas para abordar el trabajo sucio:

Equipo de Limpieza de Datos:

¿Tienes datos ruidosos con valores atípicos e inconsistencias? Scikit-learn puede identificar y eliminar esos molestos puntos de datos que arruinarían todo tu modelo. Es como tener un equipo de pequeños conserjes de datos para limpiar el desorden antes de comenzar a construir.

Organizador Maestro:

Scikit-learn no solo limpia, ¡también organiza! Ofrece funciones para ordenar y estructurar tus datos de una manera que haga feliz a los modelos de IA. Imagina ordenar cuidadosamente tus características y etiquetas: datos numéricos en un lugar, datos categóricos en otro, como separar tus Legos antes de una sesión de construcción. Esto facilita que tu modelo de IA encuentre la información que necesita y construya un modelo increíble.

Mago de Transformación de Datos:

Los datos en bruto rara vez están listos para el modelo. Scikit-learn puede transformar tus datos en un formato que los modelos de IA puedan entender. Esto puede implicar convertir datos de texto en números o escalar diferentes características a un rango consistente. Piensa en ello como tener una herramienta que convierte tus bloques de construcción en un formato que se ajusta perfectamente para tu obra maestra final de IA.

Scikit-learn puede no ser la biblioteca más llamativa, pero es la base de cualquier buen proyecto de IA. Al asegurar que tus datos estén limpios, organizados y listos para usar, Scikit-learn sienta las bases para construir modelos poderosos y precisos. Así que, antes de sumergirte en el entrenamiento de modelos, dedica un tiempo a manejar tus datos con Scikit-learn. Confía en mí, tu IA te lo agradecerá (y tus resultados serán mucho mejores).

De Cero a Héroe:
¡Construyendo Tu Primer Modelo de IA y Más Allá!

¿Listo para poner a prueba tu nuevo conocimiento? Te guiaremos paso a paso sobre cómo crear un programa de IA simple, como construir un mini-robot que aprende y hace predicciones basadas en datos. Imagina crear un programa que recomiende películas que te encantarán, o incluso prediga el clima para tu próximo picnic: ¡las posibilidades son infinitas! Aquí tienes una hoja de ruta detallada para navegar a través de este emocionante proceso:

Identificando el Problema Perfecto

El primer paso es seleccionar un problema divertido y relevante para que tu IA lo resuelva. ¿Será un predictor del clima para asegurar un día de picnic perfecto, o un sistema de recomendación de películas basado en tus actores favoritos? Elegir un problema que te apasione alimentará tu motivación durante todo el proceso de desarrollo. ¡Esto también hace que el proceso de aprendizaje sea más atractivo y práctico!

Datos: El Combustible para tu Motor de IA

Los datos son la savia vital de la IA, y tu proyecto no es una excepción. Nos adentraremos en técnicas para obtener y utilizar datos relevantes para tu problema elegido. Esto implica aventurarse más allá de tu computadora y explorar el vasto mundo de datos disponibles en línea. Te mostraremos cómo encontrar fuentes de datos confiables, como conjuntos de datos en línea o APIs (Interfaces de Programación de Aplicaciones) que proporcionan datos en tiempo real sobre el clima, películas o innumerables otros temas.

Una vez que hayas desenterrado tus gemas de datos, es posible que no estén completamente limpias. ¡Ahí es donde entra Scikit-learn al rescate! Te guiaremos sobre cómo formatear y preprocesar estos datos, asegurándonos de que estén limpios y estructurados para que tu modelo de IA los procese de manera efectiva. Piensa en ello como pulir esas gemas de datos para eliminar cualquier inconsistencia o error. Las herramientas de Scikit-learn pueden ayudarte a eliminar puntos de datos irrelevantes y transformar datos categóricos (como géneros de películas o nombres de actores) en valores numéricos que los modelos de IA entienden.

¡Entrenando tu IA: La Aprendizaje Comienza!

Scikit-learn ofrece una variedad de algoritmos de aprendizaje automático, cada uno adecuado para diferentes tareas. Te ayudaremos a seleccionar el algoritmo perfecto para tu proyecto. Por ejemplo, un algoritmo de filtrado colaborativo podría ser ideal para tu sistema de recomendación de películas, ya que recomienda elementos basados en las preferencias de usuarios similares.

Ahora viene la parte emocionante: ¡entrenar tu modelo de IA! Te guiaremos a través del proceso de alimentar tu algoritmo elegido con tus datos limpios y procesados. Imagina mostrarle a tu asistente de IA una montaña de datos de películas y calificaciones de usuarios, o patrones climáticos a lo largo del tiempo. A través del entrenamiento, el algoritmo aprende las relaciones entre estos puntos de datos y comienza a identificar patrones. Por ejemplo, podría aprender que los usuarios que disfrutan de comedias con actores como Will Ferrell también tienden a disfrutar de comedias con Adam Sandler.

Prueba y Mejora: Haciendo Brillar tu Modelo de IA

Una vez que tu IA esté entrenada, ¡es hora de ver qué tan bien se desempeña! Te mostraremos cómo evaluar su precisión utilizando datos nuevos y no vistos. Imagina darle a tu IA un examen final para evaluar su aprendizaje. Esto es crucial ya que te ayuda a medir qué tan bien puede tu IA predecir resultados en escenarios del mundo real. Por ejemplo, podríamos probar tu sistema de recomendación de películas con una lista de actores que le gustan a un usuario y ver qué tan bien predice las películas que disfrutaría.

El primer intento podría no ser perfecto. Usaremos los resultados de la prueba para identificar áreas de mejora. Scikit-learn te permite ajustar los parámetros del modelo para mejorar su precisión. Piénsalo como ajustar la configuración de tu IA para obtener los mejores resultados posibles. Tal vez podrías ajustar cuánto peso le da el modelo a ciertos actores o géneros en tu sistema de recomendación de películas.

Poniendo tu IA a Trabajar:
De Prototipo a Potencia

Con un modelo entrenado y probado, puedes crear un programa simple que aproveche el poder de tu IA. Un usuario podría ingresar sus actores favoritos, y tu sistema de recomendación de películas predeciría las películas que probablemente disfrutará. Este es solo un ejemplo básico, pero muestra el poder de construir modelos de IA con Python y Scikit-learn.

Recuerda, este es solo el primer paso en tu aventura con la IA. A medida que ganes experiencia, puedes explorar modelos más complejos, profundizar en diferentes bibliotecas de IA como TensorFlow y resolver problemas aún más interesantes. El futuro de la IA está abierto de par en par, y con el conocimiento que has adquirido, estás bien encaminado para formar parte de él. Entonces, ¿qué problema abordarás con el poder de la IA?

Capítulo 7

El futuro de la IA

Introducción

¿Hacia Dónde Vamos Desde Aquí?

¡Felicidades! Has construido tu primer modelo de IA y desbloqueado el potencial de esta tecnología revolucionaria. Pero la IA es un campo en constante movimiento, lleno de posibilidades emocionantes para el futuro. Este capítulo es tu plataforma de lanzamiento para explorar lo que viene:

Tendencias Emergentes: IA en la Vanguardia

Olvídate de esperar milenios para que una computadora resuelva un problema desconcertante. La IA cuántica está a punto de abrir de par en par las puertas. Imagina esto: una IA tan increíblemente inteligente que podría resolver problemas que llevarían a las supercomputadoras actuales millones de años, ¡en un abrir y cerrar de ojos! Este futuro está impulsado por la computación cuántica, un campo que aprovecha las extrañas leyes de la mecánica cuántica para construir máquinas ultrarrápidas. Aún estamos en las primeras etapas, pero la IA cuántica tiene el potencial de revolucionar la medicina (¡diseñando medicamentos que salvan vidas en segundos!), la exploración espacial (¡construyendo naves espaciales con materiales más fuertes que cualquier cosa que hayamos visto!) e incluso la propia IA (¡desarrollando nuevos algoritmos a la velocidad de la luz!). Es como darle a tu cerebro una actualización permanente: las posibilidades son absolutamente alucinantes.

La exploración espacial representa la cúspide del esfuerzo humano, empujando los límites de nuestras capacidades y sueños. Pero, ¿y si no estuviéramos solos en estos audaces viajes? Integrar la inteligencia artificial en esta misión abre un nuevo ámbito de posibilidades, transformando la manera en que exploramos lo desconocido.

Imagina la vasta inmensidad del espacio, un desafío silencioso que nos llama hacia adelante. Ahora, imagina esto: los sistemas de IA se convierten en socios invaluables, no solo pasajeros, en estos viajes cósmicos. Estas IAs no solo se sentarían a disfrutar de la vista, sino que serían los incansables miembros de la tripulación trabajando tras bambalinas.

Impulsados por algoritmos avanzados, los sistemas de IA están siendo diseñados para manejar el torrente de datos que llegan del cosmos. Ya no estaremos limitados por el poder de procesamiento humano. Estos compañeros de IA se convertirán en maestros de la navegación celestial, trazando cursos a través de campos de asteroides y más allá de nebulosas. Piensa en un copiloto de IA en una misión a Marte, sus procesadores incansables monitoreando constantemente los sistemas de la nave, asegurando un viaje sin problemas.

Pero su papel no se detendría ahí. Esta IA podría estar analizando datos de galaxias distantes en tiempo real, buscando pistas sobre los orígenes del universo. Podría ser un asistente de laboratorio robótico, analizando meticulosamente muestras de suelo y atmósfera de Marte, ofreciendo ideas sobre el potencial de vida más allá de la Tierra. Incluso las tareas más mundanas no estarían fuera de su alcance: imagina una IA reparando sin problemas un rover dañado en la superficie marciana, sus brazos robóticos guiados por sus avanzados algoritmos.

En escenarios donde la intervención humana inmediata es poco práctica o imposible, como abordar fallos repentinos del sistema, la IA podría tomar el control. Guiada por protocolos preprogramados y algoritmos de resolución de problemas en tiempo real, podría realizar reparaciones de manera autónoma, asegurando el éxito de la misión.

El futuro de la exploración espacial con IA promete no solo una mejora de las misiones científicas, sino una transformación en cómo interactuamos con el cosmos. Sugiere un futuro donde IA y humanos trabajen en sinergia, más allá de los confines de la Tierra, para explorar, entender y, tal vez algún día, habitar nuevos mundos. Con la IA a nuestro lado, las posibilidades son tan vastas e ilimitadas como el propio universo.

IA para Desafíos Globales:
Haciendo del Mundo un Lugar Mejor

La IA no solo se trata de crear robots geniales o coches autónomos; tiene el potencial de resolver algunos de los problemas más urgentes de la humanidad.

La inteligencia artificial se presenta como un aliado formidable en la batalla global contra el cambio climático. Las tecnologías impulsadas por IA tienen el potencial de revolucionar nuestra comprensión y gestión de los desafíos ambientales. Imagina modelos de IA sofisticados que funcionen como superguardianes de la Tierra. Estos modelos no solo estarían analizando vastos conjuntos de datos sobre el clima; estarían integrando una imagen en tiempo real de nuestro planeta. Imagínalos analizando constantemente imágenes satelitales y datos de sensores de todo el mundo, como un sistema nervioso global que les proporciona información.

Con este increíble conocimiento a su disposición, estos modelos de IA pueden predecir eventos meteorológicos extremos con un nivel de precisión antes inalcanzable. Huracanes, olas de calor, sequías, inundaciones, lo que sea, la IA puede predecirlo con un detalle sin precedentes. Este conocimiento previo es como tener una bola de cristal para desastres climáticos. Nos permite prepararnos para lo peor, evacuar a las poblaciones vulnerables y desplegar recursos de manera más efectiva, salvando vidas y minimizando daños.

Pero la IA no solo se trata de predecir problemas; también se trata de encontrar soluciones. Más allá de sus impresionantes capacidades predictivas, las aplicaciones de IA se extienden al desarrollo y optimización de recursos de energía renovable. Imagina algoritmos de IA actuando como controladores de tráfico aéreo en tiempo real para la red eléctrica. Estarían analizando constantemente patrones en la irradiación solar y el flujo de viento para optimizar la ubicación y operación de paneles solares y turbinas eólicas. Esto maximizaría el rendimiento energético según las condiciones meteorológicas cambiantes, asegurando un flujo de energía renovable continuo y eficiente.

La IA también juega un papel crítico en la tecnología de redes inteligentes, el conductor invisible de nuestra red eléctrica. Aquí, la IA ayuda a equilibrar la delicada danza entre la oferta y la demanda de energía. También puede mejorar las soluciones de almacenamiento de energía y aumentar la eficiencia de las redes de distribución de energía, reduciendo el desperdicio de energía y minimizando nuestra dependencia de los combustibles fósiles.

La lucha contra el cambio climático es como enfrentarse a un monstruo de múltiples cabezas. La IA no se detiene solo en la predicción y la energía renovable. También es fundamental en las tecnologías de captura de carbono. Imagina la IA optimizando el proceso de extracción de dióxido de carbono de la atmósfera, limpiando esencialmente el aire. Este carbono capturado no solo se dejaría de lado; la IA también puede ayudarnos a almacenarlo de manera segura. Al hacerlo, la IA no solo mitiga el impacto de las emisiones existentes, sino que también contribuye al desarrollo de tecnologías de emisiones negativas, que son vitales para revertir la tendencia del calentamiento global.

El papel de la IA en la lucha contra el cambio climático es multifacético, abarcando desde el análisis predictivo y la gestión de desastres hasta la mejora de la eficiencia de los recursos renovables y la creación de nuevos métodos para reducir los gases de efecto invernadero. Este enfoque tecnológico ofrece esperanza y soluciones prácticas para uno de los problemas más apremiantes de nuestro tiempo. Con la IA como nuestra aliada, tenemos una herramienta poderosa a nuestra disposición para sanar nuestro planeta y crear un futuro más sostenible para todos.

Con el aumento de la población mundial, la gestión de recursos se está volviendo crítica. La IA puede revolucionar la agricultura optimizando los rendimientos de los cultivos y el uso del agua. Imagina sistemas de IA que monitorean las condiciones del suelo y sugieren estrategias de plantación para maximizar las cosechas, o que predicen las necesidades de agua y gestionan los sistemas de riego de manera más eficiente. La IA también puede usarse para optimizar las redes logísticas y de transporte, reduciendo nuestra dependencia de recursos sobreutilizados.

Hechos vs. Ficción: Desmitificando la IA

La inteligencia artificial se ha convertido en una presencia omnipresente en la ciencia ficción, a menudo representada como una superinteligencia empeñada en dominar el mundo. Pero dejemos de lado las visiones distópicas y centrémonos en la realidad. La IA no es un robot rebelde; es una herramienta poderosa, y como cualquier herramienta, puede ser utilizada para el bien o para el mal. El futuro de la IA depende de nosotros, los desarrolladores y los usuarios.

Aquí es donde separamos la ciencia ficción de las emocionantes posibilidades que nos esperan:

Imagina la diferencia entre un martillo en las manos de un carpintero hábil y en las de un niño pequeño. El martillo en sí no es inherentemente peligroso, pero la intención y la habilidad del usuario determinan el resultado. La IA es igual. Puede ser utilizada para construir un futuro sostenible o causar estragos; la elección está en nuestras manos.

La clave para un futuro positivo con la IA radica en la colaboración y el desarrollo ético. Necesitamos asegurarnos de que la IA se use de manera responsable, con salvaguardias para prevenir sesgos y malos usos. Imagina un mundo donde la IA aborde el cambio climático, personalice la educación y hasta ayude con avances científicos, todo mientras permanece bajo la guía humana y se adhiere a estrictos estándares éticos. Esto incluye transparencia, equidad y responsabilidad en los despliegues de IA, particularmente en áreas críticas como la salud, la aplicación de la ley y los servicios financieros.

Al igual que un piloto no entregaría los controles de un avión a un pasajero sin entrenamiento, no debemos renunciar al control de la IA. Los sistemas de IA deben estar siempre bajo supervisión humana, con pautas y limitaciones claras. Imagina un cirujano asistido por IA en una operación delicada. Mientras la IA analiza datos y sugiere opciones, el cirujano humano mantiene el control final sobre las decisiones tomadas, asegurando la seguridad y el bienestar del paciente.

Desmitificar la IA para el público en general también es esencial. Fomentando una mejor comprensión de las capacidades y limitaciones de la IA, las personas pueden participar de manera más significativa en las discusiones sobre cómo se integra la IA en la sociedad. Las iniciativas educativas pueden ayudar a disipar mitos y aliviar miedos infundados sobre la IA, allanando el camino para conversaciones informadas sobre sus implicaciones éticas.

Se requiere una supervisión continua y marcos regulatorios adaptativos para gestionar la evolución de las tecnologías de IA. A medida que los sistemas de IA se vuelven más complejos, será necesario un monitoreo y una evaluación continuos para identificar y mitigar posibles riesgos o consecuencias no deseadas.

La IA tiene el potencial de resolver algunos de los mayores desafíos del mundo y mejorar nuestras vidas de innumerables maneras. Al abordar el desarrollo de la IA con un enfoque en el bienestar humano, consideraciones éticas y supervisión continua, podemos asegurar un futuro brillante para la IA y la humanidad. Imagina un mundo donde la IA aborde el cambio climático, personalice la educación para cada niño y hasta ayude con avances científicos que curen enfermedades y mejoren nuestra calidad de vida. La IA puede ser una herramienta poderosa para el progreso, pero solo si nosotros, como humanos, mantenemos el control y aseguramos que su desarrollo esté guiado por principios éticos. Las posibilidades son infinitas y, con una planificación cuidadosa y un uso responsable, la IA puede inaugurar una nueva era de progreso y prosperidad para todos.

El futuro de la IA no es algo que nos sucederá, es algo que crearemos juntos. Con tus habilidades, tu curiosidad y un compromiso con el desarrollo ético, tienes el poder de asegurar que la IA se convierta en una fuerza para el bien, moldeando un futuro más brillante para todos. Así que sigue aprendiendo, sigue explorando y sigue creando: ¡las posibilidades son infinitas!

Capítulo 8

Ética y Sesgos en la IA: Navegando el Uso Responsable de la IA

Introducción

La inteligencia artificial tiene un inmenso potencial para mejorar nuestras vidas, pero no está exenta de desafíos. Este capítulo profundiza en el tema crítico de la ética y los sesgos en la IA, equipándote para navegar el uso responsable de la IA.

La Importancia de la Ética en la IA

En un mundo cada vez más guiado por la IA, imagina escenarios donde la IA decide quién califica para un préstamo, quién recibe tratamiento médico prioritario o quién consigue una entrevista de trabajo codiciada. Mientras que la eficiencia y la automatización proporcionadas por la IA pueden parecer mágicas para la toma de decisiones complejas, conllevan una gran responsabilidad para manejar este poder de manera ética. Aquí está el porqué: los sistemas de IA actúan como esponjas, absorbiendo los datos con los que se entrenan. Si estos datos contienen sesgos, la IA perpetuará esos sesgos en sus decisiones, potencialmente sesgando los resultados injustamente contra ciertos grupos y perpetuando la desigualdad. Además, al igual que un mago cuyos trucos deben ser transparentes, los sistemas de IA requieren rendición de cuentas; necesitamos entender cómo estos algoritmos llegan a sus conclusiones para asegurar que las decisiones sean justas y evitar repercusiones dañinas. Además, dado que los sistemas de IA a menudo dependen de grandes cantidades de datos personales, mantener medidas estrictas de privacidad y seguridad de los datos es crucial para proteger a las personas de posibles daños y prevenir el uso indebido de información sensible. A medida que la IA se integra más en la sociedad, abordar estas consideraciones éticas es esencial para construir un futuro donde la tecnología respete y mejore los derechos humanos en lugar de socavarlos.

Mitigar el Sesgo en la IA

Afortunadamente, hay pasos que podemos tomar para mitigar el sesgo en la IA:

En un mundo cada vez más guiado por la IA, imagina escenarios donde la IA decide quién califica para un préstamo, quién recibe tratamiento médico prioritario o quién consigue una entrevista de trabajo codiciada. Mientras que la eficiencia y la automatización proporcionadas por la IA pueden parecer mágicas para la toma de decisiones complejas, conllevan una gran responsabilidad para manejar este poder de manera ética. Aquí está el porqué: los sistemas de IA actúan como esponjas, absorbiendo los datos con los que se entrenan. Si estos datos contienen sesgos, la IA perpetuará esos sesgos en sus decisiones, potencialmente sesgando los resultados injustamente contra ciertos grupos y perpetuando la desigualdad. Además, al igual que un mago cuyos trucos deben ser transparentes, los sistemas de IA requieren rendición de cuentas; necesitamos entender cómo estos algoritmos llegan a sus conclusiones para asegurar que las decisiones sean justas y evitar repercusiones dañinas. Además, dado que los sistemas de IA a menudo dependen de grandes cantidades de datos personales, mantener medidas estrictas de privacidad y seguridad de los datos es crucial para proteger a las personas de posibles daños y prevenir el uso indebido de información sensible. A medida que la IA se integra más en la sociedad, abordar estas consideraciones éticas es esencial para construir un futuro donde la tecnología respete y mejore los derechos humanos en lugar de socavarlos.

El Elemento Humano en las Decisiones de la IA

Imagina un mundo donde una máquina decide si obtienes esa cirugía que te salvará la vida o el préstamo para tu panadería soñada (porque aparentemente, los robots no entienden el poder terapéutico de los pasteles). Mientras que la IA puede ser experta en procesar números y detectar patrones, no está exactamente equipada para lidiar con las complejidades de la ética humana. Aquí es donde entramos nosotros, los gloriosos, no oxidados humanos. La IA podría no entender la diferencia entre una broma inofensiva y un insulto descarado, y es ahí donde nuestro buen juicio es crucial para interpretar sus resultados. Piensa en la IA como una calculadora súper poderosa, asombrosa en cálculos pero necesitando un traductor humano para explicar por qué se marcó tu solicitud de préstamo (alerta de spoiler, probablemente no fue porque olvidaste mencionar tu colección de peces dorados). Además, a diferencia de un mago revelando sus secretos en una deslumbrante nube de humo, los algoritmos de IA pueden estar envueltos en misterio. Los humanos juegan un papel vital en exigir transparencia, asegurando que estas decisiones de IA sean justas y no estén impulsadas por algún gremlin oculto en el código. El futuro de la IA es brillante, pero es un esfuerzo de equipo. Al priorizar la ética, mantener los sesgos bajo control y recordar que los humanos son los explicadores definitivos, podemos asegurarnos de que la IA se convierta en una herramienta para el bien, no en un excéntrico gobernante robótico (al menos no todavía).

Conclusión

Moldeando el Futuro de la IA Juntos

Hemos emprendido una emocionante exploración del mundo de la IA, asomándonos detrás del telón para desvelar el funcionamiento interno de esta tecnología revolucionaria. Desde los datos que impulsan su aprendizaje hasta las plataformas basadas en la nube que potencian su capacidad, la IA está transformando rápidamente nuestro mundo. Recuerda, la IA tiene el potencial de ser una poderosa fuerza para el bien. Al entender sus capacidades y limitaciones, y abordar su desarrollo y uso de manera ética, la IA puede ayudarnos a resolver algunos de los desafíos más urgentes del mundo, desde avances en la atención médica hasta esfuerzos de sostenibilidad ambiental. La lección más importante es que tú, el lector, puedes desempeñar un papel vital en moldear el futuro de la IA. ¿Te unirás al viaje? Ya sea que te conviertas en un desarrollador de IA, un usuario responsable de tecnologías impulsadas por IA o simplemente un ciudadano informado, tus decisiones y acciones influirán en la trayectoria de la IA. El futuro de la IA no está predeterminado, y con una colaboración reflexiva, podemos asegurarnos de que sirva a la humanidad para el beneficio de todos. Entonces, ¿estás listo para ser parte de la revolución de la IA?

Bibliografía

- "Artificial Intelligence: A Guide for Thinking Humans" por Melanie Mitchell (2019, Farrar, Straus and Giroux) - Este libro ofrece una visión general integral de la IA para lectores en general, abordando tanto las capacidades como los desafíos de la tecnología.
- "Life 3.0: Being Human in the Age of Artificial Intelligence" por Max Tegmark (2017, Knopf) - Discute el futuro de la IA y su impacto en el mundo.
- "AI Superpowers: China, Silicon Valley, and the New World Order" por Kai-Fu Lee (2018, Houghton Mifflin Harcourt) - Proporciona información sobre el desarrollo y el impacto de la IA en los principales centros tecnológicos del mundo.
- "Deep Learning" por Ian Goodfellow, Yoshua Bengio y Aaron Courville (2016, MIT Press) - Este libro ofrece una inmersión profunda en el aprendizaje profundo, un concepto clave cubierto en este capítulo.
- "Prediction Machines: The Simple Economics of Artificial Intelligence" por Ajay Agrawal, Joshua Gans y Avi Goldfarb (2018, Harvard Business Review Press)
- "Python Machine Learning" por Sebastian Raschka y Vahid Mirjalili (2017, Packt Publishing) - Ideal para lectores que buscan experimentar con la IA utilizando Python.
- "Natural Language Processing with Python" por Steven Bird, Ewan Klein y Edward Loper (2009, O'Reilly

Media) - Una guía práctica sobre el procesamiento del lenguaje natural, un tema principal en este capítulo.

- "Hands-On Machine Learning with Scikit-Learn, Keras, and TensorFlow" por Aurélien Géron (2019, O'Reilly Media) - Proporciona ejemplos prácticos de codificación y explicaciones para construir modelos de IA.

- "The Age of Em: Work, Love, and Life when Robots Rule the Earth" por Robin Hanson (2016, Oxford University Press) - Discute tendencias futuras y el impacto social de la IA.

- "Quantum Computing since Democritus" por Scott Aaronson (2013, Cambridge University Press) - Aunque se centra en la computación cuántica, este libro proporciona ideas relevantes para aplicaciones futuristas de IA.

- "Weapons of Math Destruction: How Big Data Increases Inequality and Threatens Democracy" por Cathy O'Neil (2016, Crown) - Una mirada crítica sobre cómo las aplicaciones de IA pueden perpetuar sesgos e inequidades.

- "Ethics of Artificial Intelligence" editado por S. Matthew Liao (2020, Oxford University Press) - Una colección de ensayos que discuten varios problemas éticos en torno a la IA.

www.ingramcontent.com/pod-product-compliance
Lightning Source LLC
Chambersburg PA
CBHW031445210526
45464CB00005B/2332